LOTTE Ghana
EXTRA CACAO

チョコレートレシピ

簡単に始められる手作りスイーツ

はじめに

真っ赤なパッケージのミルクチョコレートでおなじみの
「ガーナ」の誕生は1964年。50年以上にわたり
愛される、ロッテのロングセラー商品です。
口どけなめらかなガーナは、お菓子作りにも大活躍。
生チョコなどの定番から、クッキーやパイ、
そして豪華なケーキまで!
かわいくておいしい、とっておきのレシピばかりです。

手作りチョコレート、

口どけなめらかなチョコレート「ガーナ」の板チョコは全部で4種類。
カカオ感、そしてミルク感の効いたコクにあり。各商品の特徴と、

\\\ トリュフ、濃厚チョコムース、チョコラスク、
ガトーショコラ、チョコレートレアチーズケーキなど。 ///

ガーナミルク

ガーナチョコレートの大定番！ミルク感の効いたコクのある味わいの口どけなめらかなミルクチョコレート。誰もがなじみ深いスタンダードな味わいは、どのレシピにもぴったり。中でもトリュフや生チョコ、ガトーショコラなど定番チョコスイーツにおすすめです。

\\\ フォンダンショコラ、アマンドショコラ、
オレンジとチョコのビスコッティ、
ブラックアウトケーキなど。 ///

ガーナブラック

ほどよいビター感とすっきりとした後味の甘さ控えめなビターチョコレートは、チョコスイーツ作りで大活躍。ほろ苦さが効いた大人風味に仕上げてくれます。特におすすめはフォンダンショコラ。とろける甘さとビター感が調和して味わいもランクアップ！

どの「ガーナ」で作る？

そのおいしさの秘密は、厳選されたカカオの芳醇さとすっきりとした手作りチョコでおすすめの使い方をご紹介します。

\\\\ いちごトリュフ、マンディアン、マーブル
ショコラマシュマロ、ピーカンナッツショコラなど。 //

ガーナホワイト

贅沢に使用したミルクの豊かなコクと、まろやかな味わいを楽しめるホワイトチョコレート。その特徴を活かして、トリュフやマンディアンなど、シンプルなチョコスイーツにおすすめ。ミルクチョコレートの茶色やいちごの赤と合わせればコントラストも鮮やかで、目を引く仕上がりに。

\\\\ 生チョコキャラメル、洋梨のショコラブリュレ、
チョコパンケーキ、クレープシュゼットなど。 //

ガーナローストミルク

風味豊かな焦がしミルクと優しい味わいのカカオが織りなす濃厚なガーナローストミルク。レシピではチョコの分量を多めにし、特徴的なロースト感をしっかりと出します。洋梨のショコラブリュレ、クレープシュゼットなど特別感あふれるメニューにおすすめ。

contents

はじめに	002
手作りチョコレート、どの「ガーナ」で作る？	004
初心者でも安心！ 手作りチョコレートの**基本テクニック**	008
本書の使い方	012

Best 3 何度でも作りたい！ 王道チョコレートレシピ

ガトーショコラ	014
フォンダンショコラ	016
生チョコトリュフ	018

Column 1　バゲット オ ショコラ　　020

chapter I 基本のテクニックですぐに作れる！ チョコレートアレンジ

生チョコ	022
生チョコキャラメル	024
生チョコケーキ	026
マーブル抹茶生チョコ	028
マンディアン	029
あんずトリュフ＆いちごトリュフ	030
ボンボンショコラ	032
バジルショコラ＆ジャスミンショコラ	034
チョコレートサラミ	036
濃厚チョコムース	038
ストロベリーチョコディップ	040
チョコスプレッド	041
生チョコフルーツサンド	042
ピーカンナッツ＆アマンドショコラ	044
マーブルショコラマシュマロ	046
ロッキーロード	048
なめらかチョコプリン	050
洋梨のショコラブリュレ	052
チョコスモア	054
スパイスチョコレートバーク	055
タピオカココナッツミルク	056

Column 2　失敗しない！ 材料の下準備のすすめ、材料・工程に関するQ&A　　058

chapter 2　さくさくころころ！　食感を楽しむクッキー＆パイ

- スノーボールクッキー … 062
- 絞り出しクッキー … 064
- ダブルチョコグラノーラ … 066
- チョコグラクッキー … 068
- グラノーラマフィン … 070
- チョコスコーン … 072
- オレンジとチョコのビスコッティ … 074
- チョコラスク … 076
- パイポップ … 078
- シチリア風カンノーリ … 080
- チョコバナナオープンパイ … 082

Column 3　マシュマロアイス・チョコスムージー・チョコアイスバー … 083

chapter 3　しっとりふんわり！　ボリューム満点のケーキ

- しっとりショコラケーキ … 088
- 濃厚チョコレートタルト … 090
- ブラウニー … 092
- チョコレートレアチーズケーキ … 094
- チョコレートショートケーキ … 096
- クレープシュゼット … 098
- ガトーインビジブル … 100
- ウィークエンドホワイトシトロン … 102
- チョコパンケーキ … 104
- チョコレートティラミス … 106
- ブラックアウトケーキ … 108
- パン・デビス … 110

Column 4　すぐに使える代用アイデア … 112

Special Column　ホットチョコレート … 114

- 簡単かわいい！ラッピング … 118
- チョコレートができるまで … 120
- ロッテの商品ラインナップ … 124

おわりに … 125

主な食材INDEX … 126

\ 初心者でも安心! /
手作りチョコレートの基

チョコレートの刻み方

手作りチョコの一番最初の工程です。ほとんどのレシピで、
溶けやすいように刻んでから作業します。均一に刻むことがポイントです。

準備

まな板と包丁、チョコレートを用意します。しっかり力を入れて刻めるように、まな板を置く場所は、ガタつきのない安定する所を選びましょう。まな板が滑らないように、ぬらした布巾などを下に敷くと安定感が増して刻みやすくなります。

作業

包丁の柄をしっかりにぎり、片方の手を包丁の背に当てて、真上から、体重をかけて刻みます。大きさの目安は、約5mm角です。写真ではまっすぐですが、斜めに刻んでもOK。ガーナのチョコレートは、製菓用のチョコと比べてやわらかいため、初心者でも刻みやすいです。

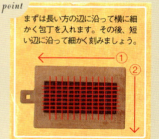

point

まずは長い方の辺に沿って横に細かく包丁を入れます。その後、短い辺に沿って細かく刻みましょう。

① ②

完成

刻みチョコレートが完成! 刻んだ状態だと手の熱で溶けやすいので、使用する際には、まな板ごと持ち上げてボウルや鍋などへ移しましょう。事前にまな板の上にオーブンペーパーや紙などを敷いてから刻むのもおすすめ。移す作業が楽になり、まな板も汚れずに行うことができます。

本テクニック

湯せん

チョコレートはゆっくりと溶かすことが大事。直火にかけるのは
絶対にやめましょう。風味が落ち、焦げ付く場合もあります。

準備

刻んだチョコレート、チョコを入れるボウル、湯せん用の鍋、ゴムべらを用意します。鍋はボウルでもOK。湯せんの際、水分は大敵です！　チョコにお湯が入らないよう、チョコを入れるボウルは、湯せん用の鍋やボウルより大きいものを。すき間がなく、ぴったりとはまり、湯気が入らないものがベストです。

作業

鍋に水を入れて火にかけ、50℃位まで温めて火を止めます。水の量は重ねたボウルの底がつく程度に。チョコレートを入れたボウルを重ねてしばらくおき、周りが溶けてきたら、ゴムべらで上下を返し、ゆっくりと溶かしていきます。

point

混ぜる時もゆっくりと！　勢いよく混ぜると気泡が入ってしまい、口当たりが悪くなります。溶け残りの粒があったら、ゴムべらでたたくようにして溶かしましょう。

完成

全体がなめらかに溶けたら完成です。冬場などチョコ自体が冷えていると溶けにくいので、湯せんしたボウルに布巾をかぶせて1～2分置いてから混ぜるときれいに溶けます。熱湯を使ったり、ぐるぐる混ぜたりしてもきれいには溶けません。低めの温度で、じっくり溶かした方が、なめらかになるのです。あせらず待つことが大切です。

テンパリング

コーティングなど、溶かしたチョコを再び固める工程に必要な作業。
温度さえ守れば難しくありません。手作りの幅が広がります!

準備

刻んだチョコレート、チョコを入れるボウル、湯せん用の鍋、ゴムべら、温度計、そして冷水用のボウルを用意します。温度計は製菓用のもの、ボウルのサイズなどは「湯せん」(P9)を参照してください。

作業

1. まずは湯せんしてチョコをゆっくり溶かす(P9参照)。
2. チョコが完全に溶けたら温度を測り、40〜45℃に。これ以上、上がってしまう場合はすぐ湯せんから外す(湯せんの温度が高いと、ここで温度が上がり過ぎるので注意)。
3. 別のボウルに水を入れ(10〜15℃)、チョコレートのボウルの底を当てて、ゆっくりと混ぜながら冷やします。26〜27℃(ガーナブラックは27〜28℃、ガーナホワイトとローストミルクは26〜27℃)になったらOK。
4. 再び一瞬湯せんに当てて、チョコレートの温度を30℃(ガーナブラックは31℃、ガーナホワイトとローストミルクは30℃)にします。この温度を保ちながら作業しましょう。

point
32℃以上になってしまったら、3からやり直しましょう。ボウルの中のチョコの温度が均一になるように、底から返すように混ぜましょう。

完成

テンパリングに成功したチョコレートは10分位で固まり、つやがあります。成功したか、失敗したかを確かめるには、少量をスプーンなどの背につけ、固めてみるとよいです。失敗の時は、表面にブルームと呼ばれる白い模様が出ます。失敗しているようであれば2からやり直しましょう。

ガナッシュの作り方

チョコレートに、温めた生クリームを加えて混ぜたもの。
バターや洋酒を加えて生チョコにしたり、トリュフの中身にしたりします。

準備

刻んだチョコレート、チョコを入れるボウル、生クリーム、生クリームを温める鍋、泡立て器を用意します。使用する生クリームは、脂肪分が低い35〜38%のものはあっさりした味に、高めの45〜48%はコクのある味わいになります。高い方がしっかりと固まりおいしく仕上がりますが、低めの方は分離しにくい利点が。

作業

1. 生クリームを鍋に入れて火にかける。沸騰したら火を止めて刻んだチョコレートにまわしかける。
2. 泡立て器でゆっくりと混ぜて溶かす。この時、チョコが冷えていると溶けにくいので、1〜2分おいて少し溶け出してから混ぜるといいです。

point
生クリームが少ないレシピの場合、2 の段階で溶けにくいことがあります。その際は湯せんにかけて溶かしましょう。

完成

チョコと生クリームがしっかりと乳化し、つやがあり、なめらかになったら完成！生クリームの温め不足や混ぜすぎは分離の原因となるので要注意。固まった目安は、軽く押して弾力があり、オーブンペーパーやラップにつけてはがれればOK。保存は冷蔵庫で。

本書の使い方

レシピ名

どのガーナ?

レシピで使用するガーナの味はこのアイコンでチェック

作り始める前に……

きちんと下準備をすることが、お菓子作り成功への第一歩です。

point

調理のポイントやアレンジ方法などが書かれています。

食材INDEXをチェック!

巻末の食材INDEXを使えば、家で余っている食材などからレシピを探せます。

🍓 材料の表記は1カップ=200ml(200cc)、大さじ1=15ml(15cc)、小さじ1=5ml(5cc)です。

🍓 電子レンジは600Wを使用しています。

🍓 レシピには目安となる分量や調理時間を表記していますが、様子を見ながら加減してください。

🍓 チョコレートはとてもデリケートなものです。作業をする道具に水分や油分などが付いていると、きれいに溶けなかったり、固まらなかったりと失敗の原因になります。作業の前に使う道具は布巾で丁寧に拭いておきましょう。

\ 何度でも作りたい！ /

王道チョコレートレシピ

みんな大好き、ガーナのとろける風味を存分に味わえる、
大定番のチョコレートレシピ3品をご紹介します。まずはここから!

Best 3

ガトーショコラ

定番ケーキを贈りやすい小さめサイズで

材料（直径15cmの丸型1台分）

A
- ガーナミルク…1枚（50g／刻んでおく）
- バター（食塩不使用）…40g

卵黄…2個分　砂糖…40g

生クリーム…20ml
卵白…2個分　砂糖…40g

B
- 薄力粉…15g
- ココアパウダー…30g

粉糖…適量

下準備
- Aは合わせて湯せん（P9参照）にかけ、溶かしておく。
- Bは合わせてふるっておく。
- 型の底にオーブンペーパーを敷いておく。ステンレスやアルミの型の場合はさらに型の内側にバター（分量外）を塗り、強力粉（分量外）をふり、冷蔵庫で冷やしておく。
- オーブンを160℃に予熱しておく。

作り方

1. ボウルに卵黄を入れてほぐし、砂糖を40g加えて、泡立て器で白っぽくなるまですり混ぜる。

2. 溶かしたAを加えてよく混ぜ、生クリームを加えてさらに混ぜる。

3. 別のボウルに卵白を入れ、氷水を当てながら泡立てる。砂糖40gを3〜4回に分けて加えて泡立て、ツノがピンと立つ位のしっかりとしたメレンゲにする。

4. 2に3のメレンゲの1/3量を加えてゴムべらで混ぜ、泡が見えなくなったらBの半量を加え、粉っぽさがなくなるまで混ぜる。

5. 残りのメレンゲの半量、残りのB、残りのメレンゲの順に加え、その都度さっくりと混ぜる。

6. 型に流し入れて平らにし、160℃に予熱しておいたオーブンで約35分焼く。焼き上がったら型ごと網などにのせて冷まし、完全に冷めたら型から外す。仕上げに粉糖をふる。

スプーンですくうとチョコがとろ〜り！

フォンダンショコラ

ブラック

材料（直径7cm×高さ5cmの耐熱容器6個分）

A｜ガーナブラック…2枚（100g／刻んでおく）
　｜バター（食塩不使用）…60g

卵…2個
砂糖…50g

薄力粉…50g
ガーナブラック…1枚（50g）
バター（型用）…適量

下準備

・Aは合わせて湯せん（P9参照）にかけ、溶かしておく。
　水が絶対に入らないよう注意。
・薄力粉はふるっておく。
・耐熱容器の内側に型用バターを塗っておく。
・ガーナブラック1枚は1かけずつに割っておく。
・オーブンを180℃に予熱しておく。

作り方

1. ボウルに卵を入れてほぐし、砂糖を加えて泡立て器で混ぜる（泡立て器で混ぜて、ざらっとした感じがなくなればOK）。

2. 溶かしたAを加えてよく混ぜ、薄力粉を加え、粉っぽさがなくなるまでゴムべらでよく混ぜる。

3. 耐熱容器に生地を均等に流し入れる。割ったチョコを4かけずつ重ね、生地の真ん中に軽く押しこむ（この時、表面に出ないように）。

4. 180℃に予熱しておいたオーブンで12〜15分焼く。焼き上がったら熱いうちにいただく。

point
すぐに食べない場合は電子レンジ可能な容器を使って。600Wで、1個につき20〜30秒温めましょう。

シンプルイズベストな基本のトリュフ

生チョコトリュフ

ミルク

材料(約18個分)

ガーナミルク…3枚(150g／刻んでおく)
生クリーム…75ml(動物性の脂肪分40%以上のもの。
お好みの洋酒…小さじ1/2(使用しなくても可)
30%台の場合は60mlに減らす)
粉糖、ココアパウダー…適量

作り方

1. 鍋に生クリームを入れて火にかけ、沸騰したら火を止めてガーナミルクに加え、泡立て器でゆっくり混ぜて溶かす。完全に溶けなければ湯せん(P9参照)にかける。

2. お好みで洋酒を加えて混ぜ、バットなどにうつし、冷蔵庫で約30分冷やし固める。

3. ラップの上に2を小さじ2程度(約10g)ずつのせて軽く包む(ラップ1枚につき1個)。冷蔵庫で30分〜1時間冷やし固める。途中、少し固まったらラップごと手で丸めて形を整えるとよい。

4. ラップをはずして丸め直す。粉糖とココアパウダーを、それぞれ茶こし等を使ってまぶす。保存は冷蔵庫で。

point
3ではしっかりと冷やし固めましょう。固まっていないと粉糖等をまぶす間に溶けてきてしまいます。

Column 1

バゲット オ ショコラ

パリのブランジュリの人気メニュー

ブラック

材料(1人分)

ガーナブラック…1/3枚(約16g)
バゲット…10cm程度
バター(食塩不使用)…10g
※ガーナブラック、バターは
お好みに合わせてご調整ください。

作り方

1. バゲットに、斜めに切り込みを入れる。
2. 1にガーナチョコとスライスしたバターをサンドする。

point

シンプルゆえ素材セレクトが味に反映されます。バターはちょっとリッチに発酵バターもおすすめ!

\ 基本のテクニックですぐに作れる! /

チョコレートアレンジ

湯せんやテンパリング、ガナッシュ作りをマスターすればバリエーション豊富に!
まずはアレンジレシピにトライしましょう。

chapter I

はじめてのチョコ作り、まずはこれから

生チョコ

材料（18×13cmのバット各1台分）

<ミルク>
ガーナミルク…3枚
（150g／刻んでおく）
生クリーム…80ml（動物性の脂肪分40％以上のもの。30％台の場合は65mlに減らす）
バター（食塩不使用）…15g
粉糖…適量

<ブラック>
ガーナブラック…3枚
（150g／刻んでおく）
生クリーム…70ml（動物性の脂肪分40％以上のもの。30％台の場合は55mlに減らす）
バター（食塩不使用）…15g
ブランデー…小さじ1+1/2
ココアパウダー…適量

下準備
・バットにオーブンペーパーを敷いておく。

作り方

1. ガナッシュ（P11参照）を作る。鍋に生クリームを入れて火にかけ、沸騰したら火を止めてガーナミルク（ガーナブラック）に加え、泡立て器でゆっくり混ぜてよく溶かす。完全に溶けなければ湯せん（P9参照）にかける。

2. バターを加え、混ぜてよく溶かす。ガーナブラックは、溶かした後にブランデーを加えて混ぜる。

3. バットに流し入れて平らにし、冷蔵庫で1時間以上冷やし固める。

4. 固まったらバットから取り出し、包丁で2×2cm位の大きさに切り分ける。

5. バットに茶こしで粉糖（ココアパウダー）をふり、4を入れ、上からもふる。保存は冷蔵庫で。

point
未成年が食べる場合は、ブランデーを使わないで。その場合は同量の生クリームを足してください。

たくさん作ってみんなに配ろう！

生チョコキャラメル

材料（13×18cmのバット1台分＝約25個分）
ガーナローストミルク…1+1/3枚（約66g／刻んでおく）
はちみつ…80g
砂糖…50g
バター（食塩不使用）…25g
生クリーム…260ml

下準備
・生クリームを沸騰する直前まで火にかけて温めておく。
・バットにオーブンペーパーを敷いておく。

作り方
1. 鍋にはちみつ、砂糖、バターを入れて中火にかける。周りから徐々に茶色になり、泡が大きくなって全体が茶色になったら、弱火にして生クリームを少しずつ加える。

2. 木べらで混ぜながら煮詰めていき、木べらで線を引くと鍋肌にあとが残るくらいまで、ねっとりとしたら火を止める。

3. ぬれ布巾の上に鍋を置いて冷ます。泡が消えたらガーナローストミルクを加えて溶けるまで混ぜる。

4. バットに流し入れて平らにし、粗熱が取れたら冷凍庫で冷やし固める。

5. ひとくち大にカットする。

point
5では包丁を少し温めて切ると切りやすくなります。キャンディのように包むと◎（P118参照）

いつもの生チョコをアレンジ！ひとくちケーキに

生チョコケーキ

材料（14×11×高さ4.5cmの型1台分＝10個分）

<土台>
ロッテのクランキービスケット
…6枚
バター（食塩不使用）…15g

<ガナッシュ>
ガーナミルク…2枚
（100g／刻んでおく）

生クリーム…50ml（動物性の脂肪分40％以上のもの。30％台の場合は40mlに減らす）
お好みの洋酒…小さじ1/2

ラズベリージャム…小さじ2
ココアパウダー…適量
粉糖…適量

下準備
・型にオーブンペーパーを敷いておく。
・バターを溶かしておく。

作り方

1. クランキービスケットはフードプロセッサーにかけて細かくする（厚手のビニール袋に入れてめん棒でたたいてもOK）。

2. 溶かしバターを加えてよく混ぜ（まとまらなさそうな場合は湯せん（P9参照）に当てて、ビスケットのチョコを溶かすとまとまりやすい）、型の底に平らに敷き詰める。

3. ガナッシュ（P11参照）を作る。鍋に生クリームを入れて火にかけ、沸騰したら火を止めてガーナミルクに加え、泡立て器でゆっくり混ぜて溶かす。完全に溶けなければ湯せん（P9参照）にかける。粗熱が取れたらお好みの洋酒を加えて混ぜる。

4. 2の表面にラズベリージャムを均一に塗り、3を流し入れて平らにし、冷蔵庫で1時間以上冷やし固める。

5. 固まったら、型から取り出して10等分にカットし、粉糖やココアパウダーをふる。

point
型から出したケーキは、ハートや星などお気に入りの抜き型を使用して仕上げるのもおすすめ！

ひとつひとつ異なる表情を見せてくれる

マーブル抹茶生チョコ

材料（18×13cmのバット1台分）

ガーナホワイト
…4枚(180g/
刻んでおく)
生クリーム
…90ml
バター(食塩不使用)
…15g
抹茶…小さじ1

下準備
・バットにオーブンペーパーを敷いておく。

作り方

1. 鍋に生クリームを入れて火にかけ、沸騰したら火を止めて、刻んだガーナホワイトに加え、泡立て器でゆっくり混ぜてよく溶かす。

2. バターを1に加え、混ぜてよく溶かす。

3. ボウルに抹茶を入れ、2の半量を注ぎ入れてよく混ぜる。

4. バットに2の残りと3を両方入れ、スプーンなどで大きく混ぜてマーブル状にする。

5. 冷蔵庫で1時間以上冷やし固め、しっかり固まったらお好みの抜き型で抜く。

point
抹茶はダマになりやすいため、必ずガナッシュを少しずつ加えるようにしましょう。

簡単なのにとってもおしゃれなルックス

マンディアン

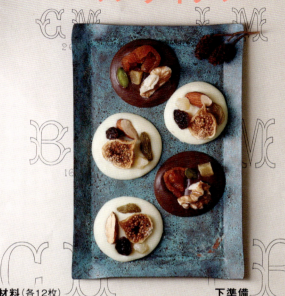

材料（各12枚）

ガーナミルク…2枚（100g／刻んでおく）
ガーナホワイト…2枚（90g／刻んでおく）
ドライフルーツ（お好みのもの）…適量
ナッツ（お好みのもの）…適量

下準備

・ドライフルーツとナッツを適当な大きさにカットする。

作り方

1. ガーナミルク、ガーナホワイトをテンパリングする（P10参照）。
2. オーブンペーパーを敷いたバットに、スプーンで直径4〜5cmの円状に広げる。
3. 少し固まってきたらドライフルーツとナッツで飾り、そのまま常温で固める。

point

トッピングのコツは、まず大きい具を置いてから小さい具を添えること。バランスを取りやすいです。

定番トリュフをちょっとアレンジするだけ！

あんずトリュフ＆いちごトリュフ

材料（各10個分）

<あんずトリュフ>
ガーナミルク…約1+2/3枚
（80g／刻んでおく）
生クリーム…40ml
ラム酒…小さじ1/2
あんずジャム…20g
くるみ…適量
（細かく刻んでおく）

<いちごトリュフ>
ガーナホワイト…約1+3/4枚
（80g／刻んでおく）
生クリーム…40ml
バター（食塩不使用）…7g
キルシュ…小さじ1/2
いちごジャム…20g
ストロベリーパウダー…適量

下準備

・ジャムはそれぞれラップを敷いた小さめの小皿に平らにのせ、冷凍庫で2時間以上冷やして固め、10等分（約1cm角）にカットして冷凍庫に入れておく。

作り方

1. 鍋に生クリームを入れて火にかけ、沸騰したら火を止めてガーナミルク（ガーナホワイト）に加え、泡立て器でゆっくり混ぜて溶かす。完全に溶けなければ湯せん（P9参照）にかける。この後、ガーナホワイトにはバターを加えて溶かす。

2. お好みでラム酒（キルシュ）を加えて混ぜ、バットなどにうつし、冷蔵庫で約30分冷やし固める。

3. ラップの上に2を約12g（小さじ2強）ずつのせ、冷蔵庫で30分～1時間冷やし固める。途中少し固まったらラップごと手で丸めて形を整えるとよい。

4. カットしておいたジャムを中心に包むようにして軽く丸め、ラップをはずして丸め直す。刻んだくるみとストロベリーパウダーをそれぞれまぶす。冷蔵庫で冷やして完成。

point
ジャムは必ず事前に凍らせておきましょう。凍った状態のまま素早くチョコに包み入れるのがコツ！

point

ガナッシュがやわらかいとコーティング中に溶けてしまいます。しっかり冷やし固めてから作業して。

ショコラティエ顔負けの本格スイーツにトライ

ボンボンショコラ

 ミルク
 ブラック
ホワイト

材料（15×10cmのバット1台分＝24〜28個分）

ガーナミルク…2枚
（100g／刻んでおく）
生クリーム…50ml（動物性の脂肪分40％以上のもの。30％台の場合は40mlに減らす）
バター（食塩不使用）…5g
ブランデー…小さじ1/2

ガーナミルク（ガーナブラック、ガーナホワイト／コーティング用）
…4枚（200g／刻んでおく）
※ガーナホワイトの場合も4枚

ドライラズベリー、刻みオレンジピール、レーズン、カカオニブ（トッピング用）…各適量

下準備
・バットにオーブンペーパーを敷いておく。

作り方

1. ガナッシュ（P11参照）を作る。鍋に生クリームを入れて火にかけ、沸騰したら火を止め、ガーナミルクに加えて泡立て器でゆっくり混ぜてよく溶かす。完全に溶けなければ湯せん（P9参照）にかける。

2. バターを加えて混ぜてよく溶かし、お好みでブランデーも加えて混ぜる。バットに流し入れて冷蔵庫で1時間以上冷やし固める。

3. コーティング用のガーナミルク（ガーナブラック、ガーナホワイト）をテンパリングする（P10参照）。

4. 2をバットからまな板などに取り出し、上面に3のチョコをパレットナイフで薄く塗る。固まったら、チョコを塗った面を下にし、包丁で2cm角に切り分ける。

5. 4をフォークにのせて1つずつ3に入れ、全体をコーティングする。事前にチョコを塗った面を下にしてフォークにのせ、ボウルから引き上げる。余分についたチョコはボウルに落とし、オーブンペーパーにのせる。

6. 5が固まらないうちにトッピングをのせたり、違う色のチョコで線書きをし、冷蔵庫で約20分冷やし固める。完全に固まったらオーブンペーパーからはずす。

エキゾチックな大人のボンボンショコラ

バジルショコラ&ジャスミンショコラ

材料（15×10cmのバット1台分＝24～28個分）

<バジルショコラ>
ガーナブラック…2枚
（100g／刻んでおく）
生クリーム…50ml
フレッシュバジル…4g
（手でちぎっておく）
バター（食塩不使用）…5g
ガーナブラック（コーティング用）
…4枚（200g／刻んでおく）
ピスタチオ…適量

<ジャスミンショコラ>
ガーナミルク…2枚
（100g／刻んでおく）
生クリーム…50ml
ジャスミン茶葉…10g
バター（食塩不使用）…5g
ガーナミルク（コーティング用）
…4枚（200g／刻んでおく）
ドライローズ（食用）…適量

下準備
・バットにオーブンペーパーを敷いておく。

作り方

1. 鍋に生クリーム、バジル（ジャスミン茶葉）を入れて火にかける。沸騰直前に火を止め、フタをして5分蒸らす。

2. ガーナブラック（ガーナミルク）は湯せん（P9参照）で溶かす。

3. 1を茶こしでしっかりこし、2に加えて泡立て器でゆっくり混ぜながらしっかり溶かす。バターを加えて混ぜてよく溶かし、バットに流し入れて平らにし、冷蔵庫で1時間以上冷やし固める。

4. コーティング用のガーナブラック（ガーナミルク）をテンパリングする（P10参照）。

5. 3を2cm角に切り分け、フォークにのせて1つずつ4に入れ、全体をコーティングする。ボウルから引き上げ、余分についたチョコを落とし、オーブンペーパーにのせる。

6. 固まらないうちにピスタチオ（ドライローズ）をのせ、冷蔵庫で約20分冷やし固める。完全に固まったらオーブンペーパーからはずす。

point
1で生クリームを火にかける時は、沸騰させすぎないように。鍋の周囲に泡が少し立つくらいでOK!

溶かしたチョコにいろいろ入れて固めるだけ！

チョコレートサラミ

材料（長さ20cm 1本分）

ガーナブラック…2枚
（100g／刻んでおく）
バター（食塩不使用）…8g
ロッテのクランキービスケット
…4枚
レーズン…15g

ナッツ類（アーモンド、くるみ、
　ヘーゼルナッツなど）…20g
ドライいちじく…20g
ラム酒（使用しない場合はお湯）
…小さじ2
粉糖…適量

下準備

・バターを室温に戻してやわらかくしておく。
・ドライいちじくを粗く刻み、レーズンとラム酒と合わせてラップをし、電子レンジ（600W）に20〜30秒ほどかけて、そのまま蒸らしてやわらかくしておく。
・ナッツ類は粗く刻んでおく。

作り方

1. ガーナブラックは湯せん（P9参照）をし、ゴムべらでゆっくりと混ぜて溶かす。完全に溶けたらバターを加えてよく溶かす。

2. クランキービスケットを4等分に切ってIに加え、ドライフルーツ、ナッツ類も加えて全体によく混ぜる。

3. 大きめにカットしたラップにのせ、直径3cm、長さ20cm位の棒状にまとめる。ラップでしっかりと包み（この時ラップをチョコに巻き込まないように注意）、冷蔵庫で1時間以上冷やし固める。途中、少し固まったら一度ラップをはずし、再びラップで包んで形を整えるとよい。

4. 固まったらラップをはずし、表面に粉糖をまぶし、お好みの厚さに包丁で切り分ける。

point

3でまとめる際、隙間ができないように軽く押しながらまとめましょう。

電子レンジで簡単！なめらかムースが完成

濃厚チョコムース

材料（150ml瓶4個分）

ガーナミルク…4枚（200g／刻んでおく）
牛乳…220ml
マシュマロ（直径2cm長さ3cm位のもの）…20個（約65g）
ラズベリー…適量

作り方

1. 耐熱ボウルにマシュマロと牛乳を入れてラップをし、電子レンジ（600W）で約1分40秒加熱。一度取り出して泡立て器で混ぜ、さらに約40秒加熱してマシュマロを完全に溶かす。

2. 1の半量をガーナミルクに加えてしばらくおく。チョコが溶けてきたら泡立て器でなめらかになるまで混ぜ、残りを2〜3回に分けて加え、その都度よく混ぜてチョコを溶かす。

3. 瓶に2を流し入れ、冷蔵庫で2時間以上冷やし固める。固まったらラズベリーを飾る。

point

なめらかさの秘密はマシュマロにあり。固まりにくい場合は一晩冷やしてみてください。

真っ赤ないちごをチョコでおめかし

ストロベリーチョコディップ

材料(8個分)

ガーナミルク…2枚(100g／刻んでおく)
ガーナホワイト…2枚(90g／刻んでおく)
いちご…8粒
ストロベリーフレーク、
ストロベリーパウダー…適量

下準備
・バットにオーブンペーパーを敷いておく。

作り方

1. ガーナミルク、ガーナホワイトをそれぞれテンパリングする(P10参照)。

2. いちごの水分を拭き取り、1にディップして、バットに並べる。チョコが固まらないうちにトッピングし、冷蔵庫で冷やし固める。

3. ミルクとホワイトを組み合わせる場合は、先にディップしたチョコが常温で固まってから、もう一方のチョコをディップする。

point
いちごの水分をよく拭き取ってからスプーンでかけるようにディップすると、うまく仕上がります。

バゲットにたっぷり塗って朝食にもどうぞ

チョコスプレッド

材料(作りやすい分量)

<ブラックチョコレート>
ガーナブラック
…1枚(50g／刻んでおく)
いちごジャム…180g
(※お好みで量を調節)

<ホワイトチョコレート>
ガーナホワイト…1枚
(45g／刻んでおく)
オレンジマーマレード…180g
(※お好みで量を調節)

下準備
・瓶は煮沸消毒する。

作り方

1. 鍋にそれぞれジャムを入れて火にかけ、沸騰したら火を止めてガーナブラック(ガーナホワイト)に加え、泡立て器でゆっくり混ぜてよく溶かす。

2. 熱いうちに瓶に入れ、粗熱が取れたら冷蔵庫で保存する。

煮沸消毒した瓶を使う場合、保存期間は約1ヶ月。それ以外の容器なら約1週間で食べ切ってください。

みんな大好きフルーツサンドがチョコ味に！

生チョコ
フルーツサンド

材料(2人分)

ガーナブラック…2/3枚(約33g／刻んでおく)
ガーナホワイト…1枚(45g／刻んでおく)
2種類の食パン(小麦とライ麦など)…各2枚
生クリーム(脂肪分30％台のもの)…各70ml
みかん、バナナ…適量

作り方

1. ガーナブラック(ガーナホワイト)を湯せん(P9参照)をして溶かし、生クリームを少しずつ加え、ダマができないように泡立て器でその都度よく混ぜ、なめらかなクリームにする。

2. 生クリームを全部加えたら、ボウルの底を氷水に当てながら八分立てにする(固くなり過ぎないように注意)。

3. みかんは皮をむいて食べやすい大きさにし、バナナは3cm幅にカットする。

4. 食パンの片面にクリームを塗り、フルーツを並べる。さらに上からクリームを塗りもう1枚をのせる。

5. 30分程冷蔵庫で冷やしてからパンの耳を切り、2等分にカットする。

point
断面をきれいに仕上げるコツは、フルーツの真ん中を、ちょうど包丁が入る線に合わせて並べること。

食べだしたらとまらない！　香ばしいほろ苦味

ピーカンナッツ＆アマンドショコラ

材料（各約160g分）

<ピーカンナッツショコラ>
ガーナホワイト…2枚（90g／刻む）
ピーカンナッツ…100g
グラニュー糖…30g　水…大さじ1
バター（食塩不使用）…5g
きな粉…適量

<アマンドショコラ>
ガーナブラック…2枚（100g／刻む）
アーモンド…100g
グラニュー糖…30g　水…大さじ1
バター（食塩不使用）…5g
ココアパウダー…適量

下準備
・ピーカンナッツ、アーモンドは160℃に予熱したオーブンで、10〜15分ローストしておく。

作り方

1. 鍋にグラニュー糖と水を入れて中火にかけ、沸騰したらそのまま少し煮詰める。

2. ピーカンナッツ（アーモンド）を加えて弱火にし、木べらで絶えず混ぜる。グラニュー糖が結晶化して白くなり、その後、溶けてキャラメル状になったら火を止め、バターを加えて溶かす。

3. 2をオーブンペーパーの上に広げ、菜ばしなどで一粒ずつ離して冷ましておく。

4. ガーナホワイト（ガーナブラック）をテンパリングする（P10参照）。

5. 3を大きめのボウルに入れ、4のチョコを大さじ2杯位加えて混ぜ、全体にからめる。

6. 表面のチョコが乾いてきたら、さらに大さじ2杯位加えてからめる。同様にチョコがなくなるまで繰り返し、全部からめたらオーブンペーパーに一粒ずつ広げる。

7. チョコが完全に固まらないうちにきな粉（ココアパウダー）を全体にまぶし、余分な粉はふるい落とす。

point

6でコーティング用のチョコが固まってしまったら、湯せん(P9参照)して溶かし、再び使用して。

キュートなビジュアルの愛されスイーツ

マーブルショコラマシュマロ

材料（20×14cmのバット1台分）

ガーナホワイト…2/3枚
（30g／刻んでおく）
粉ゼラチン…10g
水…60ml
ストロベリーパウダー…大さじ2
レモン汁…小さじ1
卵白…2個分
グラニュー糖…120g
コーンスターチ…適量
トッピングシュガー…適量

下準備

- バットにオーブンペーパーを敷いて、茶こしでコーンスターチをふっておく。
- 粉ゼラチンは分量の水を加えて約10分ふやかしておく。

作り方

1. ガーナホワイトを湯せん（P9参照）して溶かす。
2. 別のボウルに卵白を入れて泡立てる。分量のグラニュー糖のうち大さじ2を2回に分けて加え、ツノが軽く立つ位まで泡立てる。
3. 1の鍋にふやかしたゼラチンを入れ、中火にかけて混ぜながら溶かし、溶けたら残りのグラニュー糖も加えて溶かす。
4. 3をボウルに2等分し、片方にストロベリーパウダーとレモン汁を加え混ぜる。
5. 4が熱いうちに2のメレンゲを半分に分けてそれぞれに加え、もったりするまで泡立てながら粗熱を取る。
6. バットにホワイトとピンクの生地を流し入れ、固まる前に手早くスプーンなどで大きく混ぜてマーブル状にし、トッピングシュガーを散らす。
7. 冷蔵庫で2時間冷やし固める。固まったら適当な大きさにカットする。

point
3のゼラチン液が熱いうちに手早く行いましょう。冷めると固まって混ぜにくくなります。

見た目も味もカラフルな欲張りチョコ

ロッキーロード

材料(15×15cmの角型1台分)

ガーナミルク…4+1/2枚(225g/刻んでおく)
マーブルショコラマシュマロ(P46参照)…150g
生クリーム…90ml
ロッテのチョココ…6枚
ラムレーズン…大さじ2
ストロベリーフレーク、くるみ…適量

下準備
- 型にオーブンペーパーを敷いておく。
- マシュマロは2cm角にカットして冷凍庫に入れておく。

作り方
1. 鍋に生クリームを入れて火にかけ、沸騰したら火を止めて、刻んだガーナミルクに加え、泡立て器でよく混ぜて溶かす。
2. 1にマシュマロ(1/3残しておく)、適当な大きさに割ったチョココ、ラムレーズンを加えてよく混ぜる。
3. 型に流し入れて表面をならして残りのマシュマロを飾り、いちごフレークとくるみをまぶす。冷蔵庫で1時間冷やし固め、固まったら適当な大きさにカットする。

point
食べる前には冷蔵庫に入れて冷やすと、よりおいしいので、贈る時には一言添えてあげましょう。

郵便はがき

150-8482

東京都渋谷区恵比寿4-4-9
えびす大黒ビル
ワニブックス 書籍編集部

お手数ですが切手をお貼りください

――― お買い求めいただいた本のタイトル ―――

本書をお買い上げいただきまして、誠にありがとうございます。
本アンケートにお答えいただけたら幸いです。
ご返信いただいた方の中から、
抽選で毎月5名様に図書カード(1000円分)をプレゼントします。

ご住所　〒
TEL(　　　－　　　－　　　)

(ふりがな) お名前

ご職業	年齢　　歳
	性別　男・女

いただいたご感想を、新聞広告などに匿名で
使用してもよろしいですか？　（ はい・いいえ ）

※ご記入いただいた「個人情報」は、許可なく他の目的で使用することはありません。
※いただいたご感想は、一部内容を改変させていただく可能性があります。

●この本をどこでお知りになりましたか？（複数回答可）
1. 書店で実物を見て　　　　　2. 知人にすすめられて
3. テレビで観た（番組名：　　　　　　　　　　　　　　）
4. ラジオで聴いた（番組名：　　　　　　　　　　　　　）
5. 新聞・雑誌の書評や記事（紙・誌名：　　　　　　　　）
6. インターネットで（具体的に：　　　　　　　　　　　）
7. 新聞広告（　　　　　新聞）　8. その他（　　　　　　）

●購入された動機は何ですか？（複数回答可）
1. タイトルにひかれた　　　　　2. テーマに興味をもった
3. 装丁・デザインにひかれた　　4. 広告や書評にひかれた
5. その他（　　　　　　　　　　　　　　　　　　　　　）

●この本で特に良かったページはありますか？

●最近気になる人や話題はありますか？

●この本についてのご意見・ご感想をお書きください。

以上となります。ご協力ありがとうございました。

低温でじっくり焼いてとろける口当たりに

なめらかチョコプリン

材料（直径8.5×高さ4.5cmのココット6個分）

ガーナミルク…4枚（200g／刻んでおく）
卵黄…4個分
砂糖…小さじ4
牛乳…200ml
生クリーム…200ml
飾り用生クリーム…適量

下準備

・オーブンは150℃に予熱しておく。
・蒸し焼き用のお湯を沸かしておく。

作り方

1. ボウルに卵黄を入れてほぐし、砂糖を加え、泡立て器でとろっとするまですり混ぜる。

2. 鍋に牛乳を入れて中火にかける。沸騰したら火を止め、ガーナミルクに少しずつ加え、泡立て器でゆっくり混ぜて溶かす。

3. 完全に溶けたら、1に2回に分けて加え、その都度泡立て器でよく混ぜる。

4. 生クリームを加えて混ぜ、こし器でこす。

5. 表面に浮いた泡をスプーンなどですくい、ココットに均等に流し入れ、バットに並べる。

6. バットにココットの半分位までお湯を注ぎ、150℃に予熱したオーブンで30〜35分蒸し焼きにする。

7. 表面をさわって、弾力があれば焼き上がり。粗熱を取り、冷蔵庫で冷やす。仕上げに七分立てに泡立てた生クリームをのせる。

point
バットがなければ天板に直接お湯を注いでもOK！焼いている間にお湯が減ってきたら足しましょう。

濃厚チョコプリン＆洋梨でリッチな気分

洋梨のショコラブリュレ

材料（直径8.5×高さ4.5cmのココット5個分）

ガーナローストミルク…1枚
（50g／刻んでおく）
牛乳…150ml

洋梨のコンポート（缶詰）…20g
生クリーム…150ml
グラニュー糖…適量

A｜卵…1/2個分
　｜卵黄…1個分
　｜グラニュー糖…40g

洋梨のコンポート
（缶詰／トッピング用）…適量
チャービル…適宜

下準備
・オーブンは150℃に予熱しておく。
・蒸し焼き用のお湯を沸かしておく。
・洋梨のコンポートは水気を切っておく。

作り方

1. 鍋に牛乳を入れて中火にかける。沸騰したら火を止め、ガーナローストミルクを少しずつ加え、泡立て器でゆっくり混ぜて溶かす。

2. ボウルにAを入れ、泡立て器でグラニュー糖が溶けるまでよく混ぜる。

3. 2に2回に分けて1を加え、その都度よく混ぜる。

4. 約1.5cm角のサイコロ状に切った洋梨のコンポートをココットに5等分に分けて入れる。

5. 3に生クリームを加えて混ぜ、こし器でこしてココットに流し入れ、バットに並べる。

6. バットにココットの半分位の高さまでお湯を注ぎ、150℃に予熱したオーブンで40〜45分蒸し焼きにする。焼き上がったら粗熱を取り、冷蔵庫で冷ます。

7. 表面にグラニュー糖をたっぷりふる。スプーンをコンロの火であぶり、グラニュー糖の表面をなぞって焼き色をつけ、洋梨をトッピングする。お好みでチャービルをのせる。

point
プリン液をココットに注ぐ前に気泡を取ると焼き上がりがきれいに。口当たりも良く仕上がります。

マシュマロとろけるチョコバーガー

チョコスモア

材料（4個分）

ローストミルク…1/3枚（8かけ）
ロッテの
ハーシーチョコチップクッキー…8枚
マーブルショコラマシュマロ
（P46参照）…4個（各3cm角ほど）

下準備

・トースターにアルミホイルや天板を敷いて温めておく。

作り方

1. クッキー4枚を裏返し、ガーナミルクを2かけずつのせ、マシュマロを1つずつのせる。
2. 温めたトースターでうっすら焼き色がつくまで約3分焼き、それぞれ残りのクッキーをかぶせる。

point
焼いた後、チョコスプレッド（P41参照）を塗ってから挟んでもおいしいです。ぜひ焼き立てを！

お酒とのペアリングも抜群な大人スイーツ

スパイス
チョコレートバーク

ミルク / ホワイト

材料（各12cm角）

＜ミルク＞
ガーナミルク…2枚
（100g／刻んでおく）
粗挽きブラックペッパー、
ドライラズベリー、
ピーカンナッツ、
アーモンドスライス
…各適量

＜ホワイト＞
ガーナホワイト…2枚
（90g／刻んでおく）
ピンクペッパー、
ドライマンゴー、
マカダミアナッツ、
ココナッツロング
…各適量

下準備
・バットにオーブンペーパーを敷いておく。

作り方

1. ガーナミルク、ガーナホワイトをそれぞれテンパリングする（P10参照）。

2. 1を別々のバットに12cm四方に広げる。チョコが固まらないうちにそれぞれスパイス、ドライフルーツ、ナッツ類をトッピングする。

3. そのまま常温で固め、固まったら手で適当な大きさに割る。

point
コーヒーや紅茶はもちろん、お酒とも好相性。なかでもウイスキーやブランデーがおすすめ！

プチプチ食感のエスニックデザート
タピオカココナッツミルク

材料(2人分)

ガーナミルク…1枚(50g／刻んでおく)
ココナッツミルク…60ml
牛乳…120ml
タピオカ小…20g
白玉粉…10g
水…10ml
いちご、ぶどう…適量

下準備

・タピオカはたっぷりの水に3時間漬けておく。

作り方

1. 鍋にココナッツミルクを入れて火にかけ、沸騰したら火を止めてガーナミルクを加え、泡立て器でゆっくり混ぜてよく溶かす。
2. 1に牛乳を加えて混ぜる。冷蔵庫に入れ10分程冷やす。
3. 鍋にたっぷりのお湯を沸かしタピオカが半透明になるまで約3分ゆでる。冷水に取り、ざるに上げる。
4. ボウルに白玉粉を入れ、水を少しずつ足し、耳たぶ位の柔らかさになるまで練る。
5. 白玉を適量取り、手のひらで薄くのばしフルーツを包む(半分位フルーツが外に出る状態に)。沸騰した湯で10〜20秒ゆでて氷水に取る。
6. 器に3と5を盛り、2を注ぐ。

point
ゆでて透明になったタピオカは常温においきましょう。冷蔵庫に入れて冷やすと固くなるので注意。

Column 2

成功の秘密は下ごしらえにあり!?
失敗しない！材料の下準備のすすめ

お菓子作り成功のコツは、作る前にきちんと下準備をすること。
しっかりと下準備をして、なるべくレシピ通りの分量で、レシピ通りの手順で作ってみましょう。

Butter バター

お菓子作りでは食塩不使用のバターを使うのが一般的です。レシピによって、室温に戻してやわらかくしたり、湯せんにかけて溶かしたりする準備が必要です。やわらかくする場合は、30分前位に冷蔵庫から出し、指で押してへこむ位になったらOK。夏場は10分前位に出しましょう。湯せんの場合は、バターの入ったボウルを湯につけて溶かします。お湯の温度はバターが溶ける位、熱くても大丈夫です。また、電子レンジで溶かすこともできます。

Egg 卵

バターなどの油脂と卵を合わせる場合は、卵が冷たいと分離する原因になるため、室温に戻してから使いましょう。メレンゲを作る場合、卵白は冷やしておきます。

Flour 粉類

粉類は必ずふるってから使います。ふるうことで粉の固まりを取り除き、ほかの材料と混ざりやすくなり、ふっくらと軽い仕上がりになります。15～20cmの高さからふるいましょう。

Nuts ナッツ類

工程の最後の方に使うことが多いナッツ類ですが、ローストや刻む準備がある場合は最初に済ませて、必要な時にすぐ使える状態にしておきましょう。

代わりにこれを使おう！の前に確認したい
材料に関するQ&A

Q1. バターはマーガリンで代用できますか？

A　塩分量が異なり風味が変わってしまうため代用はおすすめしません。特にクッキーを作る場合には、サクサク感や香りが全く異なるのと、マーガリンで作るとクッキーの形がきれいにできない場合があるからです。製菓材料店などでは、植物性のショートニングや製菓用マーガリンも売られていますが、口どけや風味のよさから、お菓子作りには食塩不使用のバターを使うことをおすすめします。

Q2. レシピには「生クリーム」と書いてありますが、牛乳でも代用できますか？

A　生クリームと牛乳はまったく別のもののため、代用はおすすめしません。
なお、お菓子作りでは濃厚でコクがあり、おいしく仕上がる、動物性の生クリームの使用をおすすめします。

Q3. 牛乳を豆乳や低脂肪乳にしてもよいですか？

A　味は少し変わりますが、マフィンやブラウニーなどの焼き菓子や、ムースに使う場合は代えても大丈夫です。クリームに使う場合は牛乳の方がおすすめです。

Q4. グラニュー糖を上白糖にしてもよいですか？

A　上白糖にしてもできないことはありませんが、レシピ通りのものを使うことをおすすめします。　グラニュー糖は上白糖より溶けやすく、味もさっぱりとし、さくっとした口当たりになります。そのためたくさん砂糖を使うレシピや、プリンのカラメル、マカロンを作るのに適しています。

Q5. 洋酒は入れなくても大丈夫ですか？

A　洋酒は風味づけで入れることが多いため、入れなくても大丈夫です。
ただ、ガナッシュを作る際は、洋酒を入れないとなめらかに混ざらないことがあるので、その場合は、洋酒と同じ分量の生クリームを追加してみてください。

もっと上手に！　もっと知りたい！
工程に関するQ&A

Q1. チョコレートは電子レンジでも溶かせますか？

A　電子レンジでも溶かせます。ただし、焦げやすいので湯せんの方がおすすめです。手作りチョコの基本テクニック(P9)に、湯せんのくわしい説明が載っていますのでご確認ください。

Q2. 湯せんの時、水が入ってしまったらどうすればいいですか？

A　水が入ってボソボソになってしまったら、残念ですがもう一度作りなおした方がいいです。水が入ってしまったチョコレートは、温めた牛乳を加えて溶かし、ホットチョコレートにすればおいしくいただけます。

Q3. チョコレートをバットにうまく流すにはどうすればいいですか？

A　ボウルの中身をゴムべらであらかじめ集めておいて、一気にバットに流し入れましょう。流し入れた後はゴムべらで表面を平らにします。もしそれでも表面がでこぼこしていたら、オーブンペーパーをのせ、上から平らなものを使ってならし、固まってからはがすときれいに仕上がります。

Q4. オーブンは電子レンジについているものでも大丈夫ですか？

A　レンジとオーブンの機能が一緒についているものでも、きちんと温度と時間が設定できれば大丈夫です。機能は電子レンジごとに違いますので、必ず使う前に取扱説明書をよく読んで、確認してください。

Q5. 焼き菓子を上手く焼くコツはありますか？

A　オーブンの予熱のタイミングを確認しておきましょう。オーブンの温度が上がりきっていない状態で焼いたり、でき上がった生地をそのままにしておくと、膨らまなかったり、形が崩れるなどの原因に。あらかじめレシピの温度まで上げておき、生地ができたらすぐに焼きはじめることが大切です。
オーブンによって予熱が完了する時間が違うので、自分のオーブンの予熱にかかる時間を把握し、どのタイミングで予熱を始めたらいいかを、確認しておきましょう。

\ さくさくころころ！ /

食感を楽しむクッキー＆パイ

口どけなめらかなガーナの存在感たっぷり！ 食感楽しいクッキーやパイを
作りませんか？ プレゼントしやすい気軽さもgood！

chapter 2

ころっとキュートなプチクッキー

スノーボールクッキー

材料（約25〜30個）

ガーナミルク…1枚（50g／細かく刻んでおく）
バター（食塩不使用）…50g
粉糖…20g

A │ 薄力粉…70g
　│ アーモンドパウダー…40g

下準備
・バターは室温に戻しておく。
・Aは合わせてふるっておく。
・天板にオーブンペーパーを敷いておく。
・オーブンを180℃に予熱しておく。

作り方
1. ボウルにバターを入れて木べらでやわらかくし、粉糖を加えて泡立て器で白っぽくなるまですり混ぜる。
2. 1にガーナミルクを加えて混ぜる。
3. 2にAを加えてさっくりと混ぜ、ひとまとまりにして冷蔵庫で約30分冷やす。
4. 3を約8gのひとくち大に丸め、天板に並べて180℃に予熱しておいたオーブンで10〜15分焼く。
5. 焼けたら網の上で冷まし、粉糖（分量外適量）をまぶす。

point
焼く前に生地が柔らかくなってしまったら、再び冷蔵庫でよく冷やしてからオーブンに入れましょう。

絞り方やトッピングでバリエーション豊富に

絞り出しクッキー

材料（約45個）

ガーナミルク…1枚
（50g／刻んでおく）
バター（食塩不使用）…60g
粉糖…40g
卵…1/2個分（溶いておく）
牛乳…大さじ1/2

A │ 薄力粉…90g
　 │ コーンスターチ…20g

ガーナホワイト（コーティング用）…3枚
（135g／刻む）
バター（食塩不使用）…10g
お好みのナッツ類、
フルーツフレーク、アラザン
（トッピング用）…各適量

下準備
・バターは室温に戻しておく。
・Aは合わせてふるっておく。
・オーブンを170℃に予熱しておく。

作り方

1. ガーナミルクは湯せん（P9参照）にかけて溶かす。

2. ボウルにバターを入れて木べらでやわらかくし、粉糖を加え、泡立て器で白っぽくなるまですり混ぜる。

3. 卵を2に少しずつ加え、よく混ぜる。牛乳と1を加えて混ぜてから、Aを加えてゴムべらで混ぜ、ひとまとめにする。

4. 星型の口金をつけた絞り袋に生地を入れ、オーブンペーパーを敷いた天板に、好きな形に絞る。

5. 170℃に予熱しておいたオーブンで10～15分焼く。焼き上がったら網にのせて冷ます。

6. ガーナホワイトを湯せん（P9参照）で溶かし、完全に溶けたらバターを加えてよく混ぜる。

7. クッキーに6をつけてコーティングし、オーブンペーパーの上にのせる。お好みでナッツ類などを飾り、冷蔵庫で20～30分冷やし固める。

point 3で混ぜすぎると生地が固くなるので注意。絞る際は口金を1cm位浮かせるのがコツ。

ヨーグルトにトッピングすれば素敵な朝食に

ダブルチョコグラノーラ

材料（天板1枚分）

ガーナブラック（A）…1枚
（50g／刻んでおく）
ココナッツオイル…30g
メープルシロップ…30g
オートミール…150g
アーモンド…40g（刻む）
ココナッツロング…20g

ガーナブラック（B）…1枚
（50g／大きめに刻んでおく）
バナナチップ…30g
レーズン…30g

下準備
・オーブンを160℃に予熱しておく。

作り方

1. Aのガーナブラックを湯せん（P9参照）にかけて溶かす。

2. 1にココナッツオイル、メープルシロップを加えてゴムべらで混ぜる。

3. 2を湯せんから外し、オートミール、アーモンド、ココナッツロングを加えて混ぜる。

4. オーブンペーパーを敷いた天板の上に3を均一に広げ、160℃に予熱しておいたオーブンで約30分焼く。途中15分たった段階で、一度全体をかき混ぜる。

5. 焼き上がって冷めたら、Bのガーナブラック、バナナチップ、レーズンを混ぜ合わせる。

point

お好きなナッツやドライフルーツを入れて作りましょう。保存の際は必ず密閉容器に入れてください。

ザクザク食べ応え抜群の簡単クッキー

チョコグラクッキー

材料（約12枚分）

ダブルチョコグラノーラ（P66参照）…80g
薄力粉…40g
キビ砂糖…30g
菜種油…大さじ2
豆乳…大さじ2

下準備

・オーブンを180℃に予熱しておく。

作り方

1. ボウルにダブルチョコグラノーラ、薄力粉、キビ砂糖を入れてゴムべらで混ぜ合わせる。
2. 1に菜種油を加え、スケッパーなどでザクザク切るように混ぜる。
3. 2に豆乳を加え、練らないように、ボウルに押し付けて生地をまとめる。
4. オーブンペーパーを敷いた天板の上にひとくち大サイズにのせ、180℃に予熱しておいたオーブンで10〜15分焼く。カリッと焼けたら網の上で冷ます。

point

生地は練りすぎないよう、さっくりと混ぜるのがコツ。平らにして焼くと、サクサクの食感に！

point
トッピング用のクリームをきれいに絞るコツは、絞りやすい硬さまで冷蔵庫で冷やすこと！

グラノーラマフィン

手作りグラノーラをアレンジ！

材料（直径7cmのマフィン型6個分）

ガーナミルク…1+1/2枚
（75g／刻んでおく）
卵…1個　牛乳…40ml
ダブルチョコグラノーラ
（P66参照）…60g

A｜バター（食塩不使用）…80g
　｜砂糖…50g

B｜薄力粉…80g　ココアパウダー
　｜…10g　ベーキングパウダー…3g

〈トッピング用クリーム〉
ガーナミルク…2枚（100g／刻んでおく）　生クリーム…50ml
バター（食塩不使用）…5g

ガーナミルク（トッピング用）…6かけ
トッピングシュガー…適量

下準備

- バターを室温に戻しておく。
- Bは合わせてふるっておく。
- オーブンを170℃に予熱しておく。
- マフィン型にグラシンカップを敷いておく。

作り方

1. ガーナミルクは湯せん（P9参照）をしておく。
2. ボウルにAを入れ、泡立て器で白っぽくなるまでよく混ぜる。
3. 溶けて人肌程度の温度になった1を、2に入れて混ぜ合わせる。
4. 溶いた卵を3に少しずつ加え、よく混ぜる。牛乳、グラノーラも加え、混ぜる。
5. 4にBを加え、粉っぽさがなくなるまで、ゴムべらでさっくりと混ぜる。
6. マフィン型に生地を流し入れ170℃に予熱しておいたオーブンで約25分焼く。焼けたらマフィン型から外し、網の上で冷ます。
7. トッピング用クリームを作る。生クリームを鍋に入れて火にかけ、沸騰したら火を止めてガーナミルクに加え、泡立て器でゆっくりと混ぜて溶かし、バターを加える。
8. 7が絞りやすい固さになったら、絞り袋（星型の口金）に入れて、マフィンの上に絞る。ガーナミルク、トッピングシュガーを飾る。

週末のアフタヌーンティーにどうぞ　■■ ブラック

チョコスコーン

材料（8個分）

ガーナブラック…1枚（約50g／刻んでおく）
バター（食塩不使用）…40g

A
- 薄力粉…150g
- ベーキングパウダー…小さじ2
- 砂糖…20g
- 塩…ひとつまみ

プレーンヨーグルト…100g
ジャム、メープルシロップ…適宜

下準備
- Aを合わせてふるっておく。
- オーブンを180℃に予熱しておく。

作り方

1. バターを電子レンジ（600W）で20〜30秒加熱し、溶かす。

2. Aをボウルに入れ、ガーナブラックを加えて、真ん中を少しくぼませる。

3. 1とヨーグルトを2のくぼみに注ぎ、粉っぽさがなくなるまでゴムべらでさっくりと混ぜる。

4. 3を8等分し、手で丸く整え、オーブンペーパーを敷いた天板に並べる。

5. 180℃に予熱しておいたオーブンで15〜20分焼く。焼き上がったら、網にのせて冷ます。お好みで、ジャムやメープルシロップを添える。

point
生地を整える時、ポンポンとキャッチボールをする感じで整えるときれいに仕上がります。

point

ナッツは何でもぴったり！ アーモンド以外にもクルミやヘーゼルナッツなど、お好みのものを。

イタリアの定番菓子はティータイムのお供に

オレンジとチョコの ビスコッティ

材料（約30本分）

ガーナブラック…3+1/2枚
（175g／刻んでおく）
砂糖…50g　アーモンド…30g
刻みオレンジピール…30g

A｜薄力粉…120g
　ベーキングパウダー…小さじ1

B｜卵…1個　牛乳…大さじ1

ガーナブラック（コーティング用）
…1枚（50g／刻んでおく）
グランマニエ…大さじ1
オレンジの皮（トッピング用）…適量
（なくても可）

下準備

・Aは合わせてふるっておく。　・オーブンを170℃に予熱しておく。
・ガーナブラック（175g）のうち、半分（約88g）は湯せん（P9参照）で溶かしておく。　・卵は溶きほぐし、牛乳と合わせておく。

作り方

1. ボウルにA、砂糖、アーモンド、オレンジピール、刻んだガーナブラック（約88g）を入れて全体にざっと混ぜる。

2. 1にBを加え、ゴムべらで軽く混ぜる。溶かしたガーナブラック（約88g）とグランマニエを加え、粉っぽさがなくなり、全体がチョコ色になるまでよく混ぜる。

3. オーブンペーパーを敷いた天板に半量ずつのせ、フランスパンのような形に整える。170℃に予熱しておいたオーブンで15～20分焼き、一度取り出して粗熱を取る。

4. 1～1.5cm幅に切り分け、切り口を上にして、オーブンペーパーを敷いた天板に再び並べる。150℃に予熱したオーブンで10～12分焼き、裏返して同様に約5分焼く。焼き上がったら、網などにのせて冷ます。

5. コーティング用のガーナブラックをテンパリング（P10参照）して、4の半分位をチョコにつける。オーブンペーパーにのせ、オレンジの皮をお好みでトッピングする。冷蔵庫で5～10分冷やし固め、完全に固まったら、オーブンペーパーから外す。

食べ始めたらサクサク止まらない!
チョコラスク

材料(10枚分)

ガーナミルク…2+1/2枚(125g／刻んでおく)
バゲット…10cm程度
牛乳…100ml

下準備

・オーブンは150℃に予熱しておく。

作り方

1. バゲットを1cm幅にカットする。
2. 鍋に牛乳を入れて火にかけ、沸騰したら火を止めて刻んだガーナミルクに加え、泡立て器で混ぜてよく溶かす。
3. バゲットを2に漬けて、両面に十分浸み込ませたら、オーブンペーパーを敷いた天板の上に並べる。
4. 150℃に予熱したオーブンで約40分焼く。途中、約30分たった段階で表裏を返す。焼けたら網の上で冷ます。

point

バゲットを液に漬ける際、必要以上に長時間漬けたままにするとカリッと仕上がらないので注意!

キャンディみたいなサクサクひと口パイ
パイポップ

材料（直径5cm大の抜き型16個分）

ガーナローストミルク…2/3枚（16かけ）
ガーナホワイト…2/3枚（16かけ）
冷凍パイシート（20×20cm）…2枚
薄力粉（打ち粉）…適量
卵黄…1個分
水…大さじ1
グラニュー糖…適量

下準備

- 冷凍パイシートは冷蔵庫に移し、半解凍にしておく。
- オーブンを200℃に予熱しておく。
- ガーナローストミルク、ガーナホワイトは1かけずつに割っておく。
- 棒を10分位水につけておく。
- 卵黄と水を合わせて卵黄液を作る。

作り方

1. まな板などに打ち粉をはたき、冷凍パイシートをめん棒などで2mm厚さに伸ばし、お好みの型で32個分を抜き、表面にフォークで穴をあける。

2. 2枚1組にする。下側の生地に水気を拭き取った棒をのせ、その上にガーナローストミルクかガーナホワイトを2かけずつのせて周囲に卵黄液を塗る。上からもう1枚のパイ生地をのせる。

3. 余った卵黄液をパイ生地の表面に塗り、グラニュー糖を薄くまぶす。

4. オーブンペーパーを敷いた天板の上に並べ、200℃に予熱しておいたオーブンで10～15分焼く。焼けたら網の上などで冷ます。

point
上の生地をくり抜いて中のチョコを見せたり、余った生地を星型で抜いて上に貼ったり、アレンジも◎

リコッタチーズを使ったイタリアのスイーツ

シチリア風カンノーリ

材料（6個分）

冷凍パイシート（20×20cm）
…約1+1/2枚
薄力粉（打ち粉）…適量
溶き卵…適量
生クリーム…70ml
砂糖…15g
リコッタチーズ…170g

ガーナミルク、ガーナホワイト
…各15g（細かく刻んでおく）

ガーナミルク、ガーナホワイト
（トッピング用）…各適量（削っておく）
ドライフルーツミックス、
オレンジピール、（トッピング用）
…各適量（粗く刻んでおく）

下準備

・冷凍パイシートは冷蔵庫に移し、半解凍にしておく。
・リコッタチーズは冷蔵庫で一晩水切りしておく。
・オーブンを200℃に予熱しておく。

作り方

1. まな板などに打ち粉をはたき、冷凍パイシートをめん棒などで2mmの厚さに伸ばす。10cm角にカットした生地を6枚作り、表面にフォークで穴をあける。

2. 生地をコルネ型にゆるめに巻き、溶き卵で巻き終わりを止め、オーブンペーパーを敷いた天板の上にのせる。

3. 200℃に予熱しておいたオーブンで約15分焼く。焼けたらコルネ型を外して網の上で冷ます。

4. ボウルに生クリームと砂糖を入れ、泡立て器で九分立てにし、水切りしたリコッタチーズを加えて混ぜる。

5. 4のクリームを2等分し、それぞれ刻んだチョコを混ぜる。

6. 絞り袋でそれぞれのクリームを3個づつ絞る。筒の片側にトッピング用のチョコを、もう片側にドライフルーツミックスをトッピングする。

point

絞り袋がなくても厚手のビニール袋で代用が可能です。
（P113参照）

のせて焼くだけなのに見た目も味も抜群！
チョコバナナオープンパイ

材料（20×20cm 1枚分）
ガーナミルク…1枚（50g）
冷凍パイシート（20×20cm）…1枚
バナナ…1/2本　マシュマロ…適量

下準備
・冷凍パイシートは冷蔵庫に移し、半解凍にしておく。
・オーブンを210℃に予熱しておく。

作り方

1. オーブンペーパーを敷いた天板にパイシートを置き、表面にフォークで穴をあける。210℃に予熱しておいたオーブンでパイシートのみを約10分焼く。

2. 焼き上がったパイシートを取り出し、スライスしたバナナ、マシュマロ、大きめにカットしたガーナミルクをのせ、さらにオーブンで約10分焼く。

point
具材がとろける焼き立てをぜひ！　あたため直す時はアルミホイルをかぶせてトースターで。

Column 3

ミックス食感が楽しいおうちパフェ
マシュマロアイス

ミルク

材料（1人分）

ガーナミルク…1/3枚（約16g／約5mm角に切る）
マーブルショコラマシュマロ（P46参照）…適量（2cm角に切る）
バニラアイス…適量
ワッフルコーン…1個
お好みのフルーツ…適量

作り方

1. バニラアイスをボウルに移し、カットしておいたマシュマロとガーナミルクを加えて、ざっくり混ぜる。

2. ディッシャーなどでカップにすくい、ワッフルコーンを逆さに乗せ、フルーツを盛りつける。

point
チョコは冷えると硬くなるので、大きくしすぎず5mm角に切ればチョコの食感を楽しめます。

チョコスムージー

見た目も華やかなデザートスムージー

ミルク

材料(1人分)

ガーナミルク…2/3枚(約33g／刻んでおく)
牛乳…60ml
バナナ…150g
はちみつ…4g
レモン汁…小さじ1/2
プレーンヨーグルト…100g
バナナ、はちみつ、ココナッツファイン、
ココアパウダー(トッピング用)…各適量

下準備

・バナナはひと口大に切り、冷凍用保存袋に入れて
しっかり冷凍しておく。

作り方

1. グラスのふちに、はちみつを塗る。適当な容器にココナッツファインを入れ、グラスを逆さにしてふち全体につける。トッピング用のバナナを薄く切ってグラスに貼りつける。

2. 牛乳30ml分を鍋に入れて火にかけ、沸騰したら火を止めてガーナミルクに加え、泡立て器でゆっくり混ぜてよく溶かし、冷やしておく。

3. ミキサーに牛乳30ml分、凍ったバナナ、はちみつ、レモン汁、ヨーグルトを加えてスイッチオン。混ざったら半量を別の容器に移す。

4. 半量残った3のミキサーに2を入れてスイッチオン。

5. グラスに3と4の2色のスムージーを交互にスプーンですくって入れ、層にする。最後にココアパウダーをふる。

point

バナナはしっかりと凍らせてから使用しましょう。2色の層もきれいに仕上がります。

チョコアイスバー

いつものアイスバーもラズベリーインで特別に！

ブラック

材料(6本分)
※クイックアイスキャンディーメーカーの型使用

ガーナブラック…2枚(100g／刻んでおく)
ラズベリー…適量
牛乳…160ml　はちみつ…30g
生クリーム…80ml
ガーナブラック、お好みのナッツ類、
フルーツフレーク…各適量

point
アイス棒はしっかり水に浸しておきましょう。そうしないと棒がアイスから浮いてきてしまいます。

下準備
・アイスクリーム棒は水に浸しておく。
・ラズベリーを半分にカットし、アイス型の底面に貼りつけて寝かせ、冷凍庫に入れる。

作り方

1. 鍋に牛乳、はちみつを入れ火にかけ、沸騰したら火を止める。ガーナブラックを入れたボウルに注ぎ、泡立て器でゆっくり混ぜてよく溶かす。

2. 1に生クリームを加え、ボウルを氷水に当て、とろみがつくまで混ぜる。

3. 冷やしておいたアイス型に2を流し入れる。

4. フタをして、水気を切った棒を差して、冷凍庫で約6時間冷やす。固まったら型ごと水に浸してアイスを取り出す。

5. トッピング用のガーナブラックを電子レンジで溶かし、粗熱が取れたらスプーンでアイスにかけて、お好みのナッツやフルーツフレークをまぶす。

\しっとりふんわり!/
ボリューム満点のケーキ

正統派のチョコレートケーキから、話題のフォトジェニックなケーキまで。
特別感あふれるスイーツたちはおもてなしにもぴったり。

chapter 3

じっくり「湯せん焼き」で口当たりしっとりと

しっとりショコラケーキ

ブラック

材料（直径15cmの丸型〈底が取れないタイプ〉1台分）

ガーナブラック…2枚
（100g／刻んでおく）
卵黄…3個分　砂糖…30g
バター（食塩不使用）…70g
生クリーム…大さじ2
ブランデー…小さじ2

薄力粉…20g　卵白…3個分
砂糖…50g
型用バター、強力粉（薄力粉でも可）
…各適量
生クリーム、ミント（トッピング用）
…各適量

point
2の時は、しっかり冷ましたチョコを使うのが大切。温かいままだと分離の原因になります。

下準備

- ガーナブラックを湯せん(P9参照)して溶かし、人肌位まで冷ましておく。
- バターを室温に戻してやわらかくしておく。　・薄力粉をふるっておく。
- 型の内側にバターを塗って強力粉をふり、余分な粉を落として冷蔵庫で冷やしておく。　・蒸し焼き用のお湯を沸かしておく。
- オーブンを160℃に予熱しておく。

作り方

1. ボウルに卵黄を入れてほぐし、砂糖30gを加えて泡立て器で白っぽくなるまですり混ぜ、さらに少しもったりとするまで混ぜる。

2. バターをクリーム状になるまで木べらでしっかりとねり、溶かしておいたガーナブラックに加えてゴムべらでよく混ぜる。

3. 2を1に加え、全体がチョコレート色になるまで泡立て器でよく混ぜ合わせる。

4. 生クリーム、ブランデーを加えてよく混ぜ、薄力粉を加えて粉っぽさがなくなるまで混ぜる。

5. 別のボウルに卵白を入れ、氷水を当てながら泡立てる。砂糖を3〜4回に分けて加え、ツノがピンと立つ位のしっかりとしたメレンゲにする。

6. 4に5のメレンゲの1/3量を加え、泡立て器でなじませるようにさっくりと混ぜる。残りのメレンゲを2回に分けて加え、その都度ゴムべらでさっくりと混ぜ、泡が見えなくなり、全体につやが出るまで混ぜる。

7. 型に半量を流し入れ、表面を平らにし、軽く打ちつけて空気を抜き、残りも流し入れて平らにし、同様に空気を抜く。

8. 深めのバットに入れ、型の半分位までお湯を注ぎ、160℃に予熱しておいたオーブンで50〜60分蒸し焼きにする(途中お湯が減ってきたら足す)。

9. しっかりとふくらみ、上面がカリっとし、軽く押して弾力があれば焼き上がり。熱いうちに型と生地の間にパレットナイフ(なければ竹串でも)を一周入れて隙間を作り、網の上に逆さまにして型からはずす(やわらかいので丁寧に)。

10. そのまま冷まし、完全に冷めたら乾かないようにビニール袋などに入れておく。食べやすい大きさに切り分け、七分立てに泡立てた生クリーム、ミントを飾る。

お好みでフルーツと生クリームを飾って

濃厚チョコレートタルト

材料（直径15cmの丸型1台分）

<タルト生地>
ロッテのクランキービスケット…9枚
バター（食塩不使用）…20g

<フィリング>
ガーナブラック…2枚
（100g／刻んでおく）
生クリーム…100ml

A | 卵…1個
  | 卵黄…1個分

はちみつ…小さじ2
ブランデー…小さじ2

下準備

・バターを溶かしておく。
・型にオーブンペーパーを敷いておく。
・オーブンを170℃に予熱しておく。

作り方

1. クランキービスケットはフードプロセッサーにかけて細かくする（厚手のビニール袋に入れてめん棒でたたいてもOK）。ボウルに入れて溶かしバターを加え、ゴムべらで合わせて型に敷き詰める。

2. フィリングを作る。鍋に生クリームを入れて火にかけ、沸騰したらガーナブラックを少しずつ加えて泡立て器でゆっくり混ぜて溶かす。

3. 2の粗熱が取れたら、Aを溶いて加えてよく混ぜ、はちみつ、ブランデーも加える。

4. 1に流し入れ、170℃に予熱したオーブンで20〜25分焼く。焼き上がったら、型のまま粗熱を取って冷蔵庫で冷やし、型から外して切り分ける。

point
> 焼き上がりはやわらかいので型ごと冷蔵庫で冷やしましょう。しっかり冷えてから、型から出して。

point

食べる直前にカットして提供する場合は、事前に冷蔵庫でよく冷やしておくと楽に切れます。

材料を混ぜていくだけなので失敗なし！

ブラウニー

材料（18cmの角型1台分＝4cm角16個分）

ガーナミルク…1+1/4枚
（約63g／刻んでおく）
バター（食塩不使用）…90g
砂糖…100g
塩…ひとつまみ
卵…1+1/2個

くるみ…70g
薄力粉…35g
生クリーム…40ml
ガーナミルク（コーティング用）
…1+1/4枚（約63g／刻んでおく）
飾り用くるみ…適量

下準備

・バターは室温に戻してやわらかくしておく。
・ガーナミルク（約63g分）は湯せん（P9参照）をして溶かし、人肌位まで冷ましておく。
・薄力粉をふるっておく。　・型にオーブンペーパーを敷いておく。
・くるみはすべて160℃に予熱したオーブンで、6～7分ローストし、粗熱が取れたら、皮をむき、刻んでおく。
・くるみをローストした後、再度オーブンを160℃に予熱しておく。

作り方

1. ボウルにバターを入れて木べらでやわらかくし、砂糖、塩を加えて泡立て器で白っぽくなるまですり混ぜる。

2. 溶いた卵を少しずつ加えてよく混ぜる。湯せん（P9参照）で溶かしたガーナミルクを加えて混ぜる。

3. くるみを加えてゴムべらで混ぜ、薄力粉を加えて粉っぽさがなくなるまで混ぜる。

4. 型に流し入れ、160℃に予熱しておいたオーブンで約25分焼く。焼き上がったら網にのせて冷まし、粗熱が取れたら型からはずす。

5. 鍋に生クリームを入れ、沸騰したら火からおろし、コーティング用のガーナミルクを加えてゴムべらで混ぜて溶かす。冷水を当てて鍋のまわりを冷やし、とろっとしたら、4の表面に塗る。飾り用のくるみをのせ、冷蔵庫で冷やし固める。

6. 表面が固まったら16等分に切り分ける。

チーズ生地はレモンを加えてさっぱりと

チョコレート
レアチーズケーキ

材料（直径18cmのタルト型1台分）

<土台>
ロッテのチョココ…23枚
バター（食塩不使用）…25g

生クリーム…35ml
（動物性の脂肪分40％以上のもの。
30％台の場合は30mlに減らす）

<ガナッシュ>
ガーナミルク…1枚
（50g／刻んでおく）

<チーズ生地>
ガーナミルク…2枚（100g／
刻んでおく）　クリームチーズ…110g

砂糖…30g　生クリーム…50ml　プレーンヨーグルト…大さじ1＋1/2
牛乳…大さじ1＋1/2　粉ゼラチン…小さじ1（3g）
水…大さじ1　レモン汁…小さじ1

生クリーム、ブルーベリー、ブラックベリー、
ミント、ココアパウダー（トッピング用）…各適量

下準備
・バターを溶かしておく。
・クリームチーズは室温に戻してやわらかくしておく。
・チーズ生地のガーナミルクは、湯せん（P9参照）をして溶かしておく。
・粉ゼラチンは水で約10分ふやかしておく。

作り方
1. 土台を作る。チョココはフードプロセッサーにかけて細かくする（厚手のビニール袋に入れてめん棒でたたいてもOK）。溶かしバターと合わせて型の底と側面に敷き詰め、冷蔵庫で10〜20分冷やし固める。

2. ガナッシュ（P11参照）を作る。鍋に生クリームを入れて火にかけ、沸騰したら火を止め、ガーナミルクに加えて泡立て器でゆっくり混ぜて溶かす。

3. 1の底に流し入れて平らにし、冷蔵庫で20〜30分冷やし固める。

4. チーズ生地を作る。ボウルにクリームチーズを入れ、木べらでやわらかくし、砂糖を加え、泡立て器でなめらかになるまでよく混ぜる。

5. 溶かしたガーナミルクを2回に分けて加え、その都度よく混ぜる。

6. 生クリーム、プレーンヨーグルト、牛乳の順に加えてその都度よく混ぜる。

7. ゼラチンを湯せん（P9参照）にかけて溶かし、6に加えて手早く混ぜる。

8. 7にレモン汁を加えて混ぜ、3に流し入れる。表面を平らにし、冷蔵庫で1時間以上冷やし固める。

9. 完全に固まったら、温めた布巾などを型の周りに一瞬巻いて、周りを少し溶かし、型からはずす。泡立てた生クリーム、ブルーベリー、ブラックベリー、ミントを飾り、ココアパウダーをふる。

point
5で分離しそうになっても大丈夫。生クリームを加えて混ぜるとなめらかになります。

ビジュアル華やか！特別な1日の演出に

チョコレートショートケーキ

材料（直径15cmの丸型1台分）

<スポンジ生地>
卵…2個
砂糖…50g

A | 薄力粉…45g
  | ココアパウダー…5g

B | 牛乳…小さじ2
  | バター（食塩不使用）…5g

<クリーム>
ガーナミルク…3枚（150g／刻んでおく）
生クリーム（30%台）…300ml

ガーナミルク…1/2枚（25g／刻んでおく）
いちごなどお好みのフルーツ…適量
ラズベリー（トッピング用）…適量

下準備

- Aは合わせてふるっておく。
- ガーナミルク（25g分）は湯せん（P9参照）をして溶かしておく。
- Bは合わせて溶かし、保温しておく。
- 型にオーブンペーパーを敷いておく。
- オーブンを180℃に予熱しておく。

作り方

1. スポンジ生地を作る。ボウルに卵を入れて泡立て器でほぐし、砂糖を加えて混ぜる。混ぜながら湯せん（P9参照）にかけ、人肌位になったらはずし、もったりとするまで泡立てる。

2. Aを加え、ゴムべらで切るようにさっくりと混ぜ、粉が見えなくなったら溶かしたガーナミルクを加えて混ぜ、Bを全体に回しかけてつやが出るまで混ぜる。

3. 型に流し入れて表面を平らにし、180℃に予熱しておいたオーブンで約20分焼く。焼き上がったら、型から外し、網にのせて冷ます。

4. クリームを作る。ガーナミルクを湯せんをして溶かし、生クリームを少しずつ加え、ダマができないように、泡立て器でその都度よく混ぜ、なめらかなクリームにする。

5. 生クリームをすべて加えたら、ボウルの底を氷水に当てながら六分立てにし（固くなり過ぎないように注意）、使う直前まで冷蔵庫で冷やしておく。

6. 3を横半分にスライスする。いちごは縦半分に、その他お好みのフルーツも食べやすいサイズに切る。クリームの2/3量を別のボウルに取り、さらにしっかりと泡立てる（八分立て）。

7. カットしたスポンジの切り口に6のクリームを半量のせて塗る。いちごを並べ、さらに残りのクリームを塗り、上のスポンジを重ねる。ラップをして冷蔵庫に約30分入れてなじませる。

8. 残った1/3量のクリームを角が立つ位に泡立て、ケーキの側面から「の」の字に絞る。上面も同様に隙間なく絞り、冷蔵庫に約20分入れて冷やし固める。仕上げにラズベリーを飾る。

point
スポンジをちゃんとふくらませるためのコツは、卵を白っぽくなるまでしっかりと泡立てること！

クレープシュゼット

オレンジ香る本格スイーツでおうちカフェ  ローストミルク

材料（26cmのフライパンで4枚分）

ガーナローストミルク…1枚
（50g／刻んでおく）
牛乳…120ml
バター（食塩不使用）…10g
薄力粉…40g
グラニュー糖…5g
卵…1個
バター…適量

\<ソース\>
A ｜ オレンジジュース…100ml
　｜ オレンジの皮…小さじ1
　｜ バター（食塩不使用）…20g

グランマニエ…大さじ1
オレンジスライス…4枚

作り方

1. 鍋に牛乳を入れて火にかけ、沸騰したら火を止めてバターとガーナローストミルクが入ったボウルに加え、泡立て器でゆっくり混ぜてよく溶かす。

2. 別のボウルに薄力粉とグラニュー糖を入れて混ぜ、溶いた卵を少しずつ加えよく混ぜる。

3. 粗熱が取れた1を2に加え混ぜ合わせる。

4. フライパンを熱して、バターを薄くひき、生地をお玉ですくってフライパン全体に広げるように焼く。

5. ふちの方が乾いて焼けてきたらフライ返しで裏返して、残りの生地も焼く。

6. ソースを作る。フライパンを熱してAを入れ、フツフツしたらグランマニエを加え、強火にしてアルコールを飛ばす。（火傷しないように注意）

7. スライスしたオレンジと4つ折りにしたクレープをフライパンに入れ、ソースと絡め、お皿に盛る。

point
冷たいアイスクリームを添えてもおいしい！温かいクレープとのマッチングを楽しめます。

りんごぎっしり！断面も美しい大人スイーツ

ガトーインビジブル

材料（18××高さ6.5cmのパウンド型1台分）

ガーナローストミルク…1枚（50g)
りんご（紅玉）…2+1/2個
卵…2個　砂糖…40g
薄力粉…80g
牛乳…50ml

バター（食塩不使用）…50g
カルバドス（またはキルシュやラム酒などお好みのお酒）
…大さじ1
粉糖…適量

下準備

- 薄力粉をふるっておく。
- バターをレンジで溶かしておく。
- 型にオーブンペーパーを敷いておく。
- オーブンを190℃に予熱しておく。

作り方

1. りんごはそれぞれ1/4サイズに切って芯を取り、1/2個分は皮つきのままで、残りは皮をむいてから、すべて薄くスライスする。

2. ボウルに卵と砂糖を入れ泡立て器でよく混ぜる。

3. 2に薄力粉を入れて混ぜ、牛乳、溶かしバター、カルバドスを加えてよく混ぜる。

4. 1の皮をむいたりんごだけを3に入れ、生地に絡める。

5. 菜ばしなどを使い、4のりんごを型に均一に敷き詰めていく。半分位まで入れたら、ガーナローストミルクを適当な大きさに割って並べ入れる。

6. 残りの4もすべて敷き詰めたら、皮つきりんごのスライスを同じ向きに一列に並べる（重ねながら敷き詰めるときれい）。

7. 190℃で予熱しておいたオーブンで約50分焼く（表面が焦げそうな場合は、途中でアルミホイルで覆う）。焼けたら網の上などで冷ます。冷めたら型から取り出し、粉糖をふる。

point
りんごを型に敷き詰める際は、りんごの大きさに応じて量を調整し、型からはみ出ないように収めて。

真っ白のアイシングがキュートなレモンケーキ

ウィークエンド ホワイトシトロン

材料（18×7×高さ6.5cmのパウンド型1台分）

ガーナホワイト…1枚（45g／粗めに刻む）
バター（食塩不使用）…100g
グラニュー糖…100g　卵…2個
レモン汁…大さじ1
レモン皮（防カビ剤不使用の国産レモン）
　…1個分（すりおろす）
ポピーシード…大さじ1

A｜薄力粉…100g
　｜ベーキングパウダー…2g

＜シロップ＞
グラニュー糖…20g
水…20g
レモン汁…10g

B｜粉糖…100g
　｜レモン汁…大さじ1強
　｜お好みでレモン皮、
　｜ハーブ…各適量

下準備

- バターを室温に戻しておく。　・Aをふるっておく。
- シロップを作っておく。鍋にグラニュー糖と水を入れて沸騰させ、グラニュー糖が溶けたら、火を止めてレモン汁を加える。
- 型にオーブンペーパーを敷く。　・オーブンを170℃に予熱しておく。

作り方

1. ボウルにバターを入れて木べらでやわらかくし、グラニュー糖を加えて泡立て器で白っぽくなるまですり混ぜる。

2. 卵を溶いて数回に分けて1に加え、その都度よく混ぜる。

3. 2にレモン汁、レモン皮、ポピーシード、刻んだガーナホワイトを加えて混ぜ、薄力粉を加えて粉っぽさがなくなるまでゴムべらで混ぜる。

4. 170℃に予熱しておいたオーブンで約40分焼く。焼き上がったら、型から外し、網にのせて冷ます。粗熱が取れたらハケで表面全体にシロップを塗り、ラップで二重に包んで常温で一晩置く。

5. Bをボウルに入れて泡立て器で混ぜ、ケーキの上にかける。固まらないうちにお好みでレモン皮やハーブを飾る。

point
2の卵は冷蔵庫から出したばかりだと分離しやすくなります。準備を始める時に常温に置きましょう。

ふんわりパンケーキを週末のブランチに

チョコパンケーキ

材料（直径8cm大　8〜10枚）

ガーナローストミルク…1枚
（約50g／刻んでおく）
卵…1個
牛乳…80ml
ヨーグルト…60g
ホットケーキミックス…200g

〈トッピング〉
生クリーム…100ml
砂糖…小さじ2
ガーナローストミルク、
お好みのフルーツ…適量

作り方

1. ガーナローストミルクを湯せん（P9参照）にかけて溶かす。
2. 卵を溶いて、1に少しづつ入れ、泡立て器でよく混ぜる。
3. 2に牛乳、ヨーグルトを加えて混ぜる。
4. 3にホットケーキミックスを加え、ゴムべらでさっくり混ぜる。
5. 油を薄くひいたフライパンを熱して、大きめのスプーンで生地をすくって丸く流す。フタをして弱火にし、2分蒸し焼きに。焼き色がうっすらついたら裏返し、1分30秒ほど焼く。
6. ボウルに生クリームと砂糖を入れ、底に氷水を当てながら泡立て器のあとが残る位まで泡立てる（八分立て）。
7. 皿にパンケーキと食べやすくカットしたフルーツを盛り、6のクリームをのせ、スプーンで削ったガーナローストミルクをまぶす。

point

焼き立ての温かいうちにチョコのかけらをのせれば、溶けて香りが広がりチョコ感アップ！

チョコとマスカルポーネは相性抜群！

チョコレートティラミス

材料（18×18高さ5cmの器1台分）

ロッテのカスタードケーキ…4個

水…40ml

<シロップ>
ガーナブラック…2/3枚
（約33g／刻んでおく）
インスタントコーヒー…小さじ1/2

<チーズクリーム>
マスカルポーネチーズ…200g
はちみつ…20g
プレーンヨーグルト…60g

粉ゼラチン…小さじ1（3g）
水…大さじ1

＜チョコクリーム＞
ガーナブラック…2+1/3枚（約117g／刻んでおく）
A | 生クリーム…100ml
　| 牛乳…50ml
チョコレートリキュール…小さじ2

ココアパウダー…適量

下準備
・粉ゼラチンは水（大さじ1）で約10分ふやかしておく。

作り方

1. シロップを作る。ガーナブラックは湯せん（P9参照）をして溶かす。

2. 鍋に水（40ml）を入れ、沸騰したら火を止め、1に少しずつ加え、泡立て器でよく混ぜてなめらかにする。インスタントコーヒーも加えて溶かす。

3. カスタードケーキは横半分に切り、器のサイズにカットしながら底に敷き詰める。スプーンでシロップをたっぷりと含ませる。

4. チーズクリームを作る。ボウルにマスカルポーネチーズを入れ、はちみつ、プレーンヨーグルトを加えて泡立て器で混ぜる。

5. ゼラチンを湯せん（P9参照）にかけて溶かし、熱いうちに4を大さじ2ほど加えてよく混ぜる。

6. 5を4に戻して手早く混ぜる。3の上に流し入れ、冷蔵庫で約30分冷やし固める。

7. チョコクリームを作る。鍋にAを入れて火にかけ、沸騰したら火を止めてガーナブラックを少しずつ加え、泡立て器でゆっくりと混ぜて溶かす。

8. チョコレートリキュールも加えて混ぜ、粗熱が取れたら氷水に当て、泡立て器でとろっとするまで混ぜる。固まった6の上に流し入れ、再び冷蔵庫で約30分冷やし固める。仕上げに表面にココアパウダーをふる。

point 未成年が食べる場合など、チョコレートリキュールを入れずに作る場合は、同量の牛乳を加えて。

NYで話題のオールブラックな"停電"ケーキ

ブラックアウトケーキ

材料（18×7×高さ6.5cmのパウンド型1台分）

ガーナブラック…2枚
（100g／刻んでおく）
バター（食塩不使用）…100g
グラニュー糖…50g
塩…ひとつまみ
卵…2個

牛乳…30ml

A｜薄力粉…100g
　｜ココアパウダー…10g
　｜ベーキングパウダー…2g

カカオニブ…20g

ガーナブラック(コーティング用)…1枚(50g／刻んでおく)
生クリーム…大さじ2
バター(食塩不使用)…5g
ココアパウダー…適量
カカオニブ(トッピング用)…適量

※カカオニブが手に入らない場合は
アーモンドローストを刻んで代用してください

下準備
・バターを室温に戻しておく。
・Aをあわせてふるっておく。
・型にオーブンペーパーを敷いておく。
・オーブンを170℃に予熱しておく。

作り方
1. ガーナブラックを湯せん(P9参照)にかけて溶かし、人肌程度に冷ましておく。
2. ボウルにバターを入れて木べらでやわらかくし、グラニュー糖と塩を加えて泡立て器で白っぽくなるまですり混ぜる。
3. 1を2に加え、泡立て器でよく混ぜる。
4. 卵を溶いて、数回に分けて3に加え、その都度よく混ぜる。その後、牛乳を加えて混ぜる。
5. 4に粉類Aとカカオニブを加え、粉っぽさがなくなるまでゴムべらで混ぜる。
6. 170℃に予熱しておいたオーブンで約40分焼く。焼き上がったら、型から外し、網にのせて冷ます。粗熱が取れたらラップで二重に包んで常温で一晩置く。
7. コーティング用のガーナブラックを湯せん(P9参照)で溶かし、バターと人肌位に温めた生クリームを加えて泡立て器でよく混ぜる。
8. 7をケーキに塗り、カカオニブを適量まぶし、そのまま常温で固めてココアパウダーを振る。

point
コーティングチョコは温度が高い状態で塗ると流れ落ちるので、少々時間を置き、固さが増してからに。

スパイスと洋酒が効いたフランス伝統菓子
パン・デピス

材料（直径16×高さ6cmのプリン型　※クグロフ型、パウンドケーキ型でも可）

ガーナミルク…2枚
（100g／刻んでおく）
卵…1個　はちみつ…120g
牛乳…70ml

A
| 全粒粉…75g
| 薄力粉…75g
| ベーキングパウダー…小さじ1

B
| シナモンパウダー…小さじ1/2
| カルダモンパウダー…小さじ1/4
| ジンジャーパウダー…小さじ1/4

プルーン…50g（粗く刻む）
刻みオレンジピール…50g

<シロップ>
ラム酒…大さじ1
はちみつ…大さじ1

<トッピング>
ガーナホワイト…1/2枚
（約23g/刻む）
バター（食塩不使用）…5g
お好みのドライフルーツ、スパイス
八角、シナモンスティックなど
…各適量

下準備

・型にバターを塗り、薄力粉を薄くまぶす。
・オーブンを180℃に予熱しておく。
・シロップの材料を混ぜ合わせておく。
・Aは合わせてふるっておく。

作り方

1. ガーナミルクは湯せん(P9参照)にかけて溶かす。

2. 卵を溶いて数回に分けて1に加え、その都度泡立て器でよく混ぜる。その後はちみつ、牛乳を順に加えて混ぜる。

3. 2にAとBを加え、粉っぽさが残る位まで、さっくりとゴムべらで混ぜる。プルーン、オレンジピールを加え、粉っぽさがなくなるまで混ぜる。

4. 型に流し入れて、180℃に予熱しておいたオーブンで約40分焼く。焼けたら型から外し、温かいうちにハケでシロップを塗って、ラップで二重に包み、常温で一晩置く。

5. 湯せん(P9参照)で溶かしたガーナホワイトにバターを加えて混ぜ、スプーンで垂らして飾り、お好みのトッピングを添える。

point

未成年が食べる場合は、シロップを火にかけてアルコール分を飛ばして使用してください。

Column 4

○○がない！ 買い忘れた！
すぐに使える代用アイデア

マフィンカップがない……

→ 紙コップ＋アルミホイルで代用！

紙コップを少しカットすると、マフィンカップと同じ位のサイズに！ イラストを参考に内側をアルミホイルで覆ってから、オーブンペーパーを敷いて。

型紙の作り方
赤ラインをはさみで切り、紙コップにはめ込むように敷く。

20cm角のアルミホイルにのせる。

ぴったりと覆う。

もうひとつのコップに一度押し込んでから、上下させて底まできれいに敷く。

完成

オーブンがない……

→ フライパンで代用

オーブンペーパーを丸く敷いて、ケーキ生地を薄く流し、弱火でフタをして10〜13分。焼き色がついたら、丸く切ったオーブンペーパーをのせて裏返し、さらに5分で完成。

「○○がないから……」といってあきらめていた方でもお菓子作りを楽しめちゃう、代用アイデアをご紹介いたします。

絞り袋がない……

→ **厚手のビニール袋で代用！**

絞り袋と同じように口金をセットし（口金がない場合は中身を入れて端をカット）、半分位まで中身を入れて絞ります。薄いものは2～3枚重ねて使って。

めん棒がない……

→ **ラップの芯で代用！**

使い終わったラップの芯が手元にない場合は、今使っているラップにビニールなどをかけて使いましょう。しっかりと固い芯が使いやすいです。

オーブンペーパーがない……

→ **バターと粉で代用！**

溶かしバターを塗って、薄く粉をはたきましょう。ステンレス、アルミの型はこれでOKです。フッ素樹脂加工のものは、何もせずそのままで大丈夫。

Special Column

ホットチョコレート

こころもからだもポカポカ温まる!

ミルク

寒い季節に恋しくなるのが、心も体もホッとあたたまる、
あまーいホットチョコレート。家で作るのはめんどう?
いいえ、ガーナがあればとっても簡単なんです。
その日の気分に合わせて4種類のガーナからセレクト。
マシュマロやスパイスなど、トッピングも様々にプラスすれば、
毎日いろんなホットチョコレートを楽しめそう!

材料(2人分)

ガーナミルク…2枚(100g／刻んでおく)
牛乳…300ml
マシュマロ…適量

作り方

1. 鍋に牛乳を入れ、泡立て器で混ぜながら沸騰させる。

2. 沸騰したら火を止め、ガーナミルクを少しずつ加え
   ながら泡立て器でよく混ぜる。

3. 完全に溶けたら、再び火にかけて温め、器に注ぎ、
   マシュマロを浮かべる。

point
電子レンジでも
OK! チョコ1枚
につき1分30秒
(600W)を目安に
加熱してよく混ぜて。

ホットビター
チョコレート

材料（2人分）

ガーナブラック…2枚（100g／刻んでおく）、牛乳…320ml、洋酒…適宜
スパイス（シナモンスティックなど）…適宜

作り方

1. 鍋に牛乳を入れ、中火にかける。
2. 沸騰したら火を止め、ガーナブラックを少しずつ加え、泡立て器でよく混ぜて溶かす。
3. 完全に溶けたら、再び火にかけて温め、器に注ぐ。お好みで洋酒を入れたりスパイスを添える。

ホットホワイト
チョコレート

材料（2人分）

ガーナホワイト…2枚（90g／刻んでおく）、牛乳…260ml、いちごジャム…適宜、
洋酒…適宜

作り方

1. 鍋に牛乳を入れ、中火にかける。
2. 沸騰したら火を止め、ガーナホワイトを少しずつ加え、泡立て器でよく混ぜて溶かす。
3. 完全に溶けたら、再び火にかけて温め、器に注ぐ。お好みで洋酒やいちごジャムを加えて。

ホットチョコレート
ローストミルク

材料（2人分）

ガーナローストミルク…2枚（100g／刻んでおく）、牛乳…240ml、生クリーム…適量、アーモンドプラリネ…適量、シナモンパウダー…適量

作り方

1. 鍋に牛乳を入れ、中火にかける。
2. 沸騰したら火を止め、ガーナローストミルクを少しずつ加え、泡立て器でよく混ぜて溶かす。
3. 完全に溶けたら、再び火にかけて温め、器に注ぐ。お好みで七分立てに泡立てた生クリーム、アーモンドプラリネをのせ、シナモンパウダーをふる。

ほうじ茶の香ばしさが絶妙にマッチ！

ほうじ茶ホットチョコレート

ミルク

材料(2人分)

ガーナミルク…1枚(50g／刻む)
ほうじ茶…大さじ4
水…100ml
牛乳…320ml

point
ほうじ茶は普通に淹れず火にかけて煮出すのがポイント。甘いチョコにマッチし、クセになる味！

作り方

1. 鍋に水を入れて火にかけ、沸騰したらほうじ茶を入れ、弱火で1分間煮出す。
2. 1に牛乳を加え、沸騰したら火を止め茶こしでこす。
3. 2を鍋に戻し、ガーナミルクを少しずつ加え、泡立て器でよく混ぜる。
4. 完全に溶けたら、再び火にかけて温め、器に注ぐ。

手作りのおいしさをチョコッとおすそわけ

＼簡単かわいい！／
ラッピング

せっかく手作りしたチョコスイーツは、ちゃんとラッピングで
おめかししてプレゼントしたいですよね。「難しい？」「センスが必要？」
心配いりません！ 身近で購入できる小物を使ってかわいく
仕上げる方法があるのです。

A クリア袋のラッピング

まんまるなスノーボールクッキーや絞り出しクッキーなどは、クリア袋でかわいいルックスを見せながらラッピング！ 袋に入れてリボンで口を結ぶだけでもOKですが、今回はちょっとヒネリを利かせて、三角のテトラ型に。立体感が出て中身が少なくても気にならないのもうれしいポイント。

作り方
①袋の長辺を半分より約2cm上でカットし、スイーツを入れてから袋の底と口を90度ずらして三角形にする。②口の部分に好きなひもを置き、内側に2回折り込んで全体を両面テープで止める。③ひもの両端を合わせて結び、切って形を整えれば完成。

B 瓶のラッピング

チョコスプレッドや濃厚チョコムースなどは、瓶を使えばとっても簡単なのに一気にキュートな仕上がりに。使用する布やリボンの素材や柄の組み合わせをアレンジすれば、ビジュアルのイメージは自由自在！ 衝撃に強い瓶の特性を活かして、柔らかいトリュフを詰めてラッピングするのもおすすめ。瓶のサイズを変えればビスコッティなど他の焼き菓子にも。

作り方
①瓶の口のところを好きな端切れの布で包む。
②お気に入りのリボンで結ぶ。

C 紙袋のラッピング

ラッピングに困った時は、紙袋に頼れば間違いなし。持ち運びに適したスイーツなら何でもOKですが、特にケーキやマフィンなど、大きくて重量感のあるスイーツには心強い存在です。お気に入りの袋がない場合は、好みの包装紙を使って紙袋を作るのもおすすめ。紙袋とリボンをコーディネートすれば、キュートにもシックにも自在にイメージチェンジできます。

作り方
①紙袋にスイーツを入れてから口の部分を2〜3回折り込む。②好きなリボンやヒモで底から包んで上で結べば完成。てっぺんに輪っかを作ればアクセントに◎

D ワックスペーパーのラッピング

水にも油にも強いワックスペーパー（オーブンペーパー）は、表面の油分が気になる生チョコキャラメルや、ブラウニー、生チョコケーキなどのケーキ類のラッピングに大活躍。白や茶色のシンプルでナチュラルな風合いが、スイーツのかわいさを引き立ててくれます。ケーキ類は細長いサイズに切ると包みやすいですよ。好みの包装紙や紙袋でラッピングする場合も、まずワックスペーパーで包んでからラッピングすれば油分や水分が気にならず、安心です。

作り方
①スイーツを包み、両端をキャンディ状にねじる。

＼ ガーナの工場をのぞいてみよう♪ ／

チョコレートができるまで

板チョコレートが工場で作られてみなさんの家庭に届くまでの流れを
イラストとともにご紹介します！

❶

原料

カカオ豆が工場に到着します。

↓

❷

選別

【クリーナー】悪い豆やゴミを取り除き、良い豆だけにします。

↓

❸

分離

【セパレーター】豆をくだいて皮などを取り除きます。こうしてできたものをカカオニブといいます。

4 焙煎(ばいしょう)

【ロースター】カカオニブを炒ってカカオ豆独特の香りをひき出します。

5 磨砕(まさい)

【グラインダー】カカオニブには脂肪分(ココアバター)が約55%も含まれているので、それをすりつぶすとドロドロの状態のカカオマスになります。

6 混合(こんごう)

【ミキサー】カカオマスに乳原料、砂糖、ココアバターなどを混ぜ合わせます。

7 微粒化(びりゅうか)

【レファイナー】5段ロールにかけて、口の中でざらつきを感じないほどに、さらにきめ細かくすりつぶします。

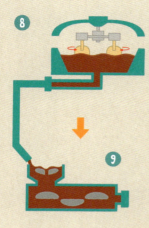

精錬(せいれん)

【コンチェ】コンチェという機械で加熱しながら長時間かけてよく練り上げます。すると舌ざわりよく、風味豊かなチョコレートに仕上がります。

調温(ちょうおん)

【テンパリングマシン】チョコレートの温度を調節して、ココアバター中の油脂結晶を安定化させます。

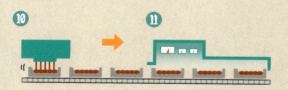

充填(じゅうてん)

【モールダー】型に流しこみ、振動を与えて気泡を除きます。

冷却(れいきゃく)

【クーリングトンネル】冷却コンベアにのせて冷やして固めます。

⑫ 型抜(かたぬき)

【デモールダー】型からチョコレートをはがします。

⑬ 検査(けんさ)／包装(ほうそう)

【ラッピングマシーン】アルミ箔やフィルムで包装し、最後にダンボールケースに詰めます。

⑭ 熟成(じゅくせい)

【定温倉庫】チョコレートの品質を安定させるため温湿度を調整した倉庫の中で一定期間熟成させます。

⑮ 出荷(しゅっか)

チョコレート完成！
みなさんの家庭へ！

ロッテ商品のラインナップ

「お口の恋人」ロッテの数ある商品から厳選してご紹介。
きっとどれも、みなさんにとって、おなじみのお菓子ばかりのはず!

本書で使用したもの

カスタードケーキ
2種のカスタードクリームが入った、しっとりふんわりケーキ。

クランキービスケット
サクサク食感のパフがつまったクランキーをビスケットでサンド。

チョココ
サクサク薄焼きクッキーにまろやかなチョコレートをコーティング。

ハーシーチョコチップクッキー
サックリクッキーとハーシーチョコレートのバランス良いおいしさ。

その他のロッテのお菓子

キシリトールガム
むし歯の原因とならず歯の再石灰化を増進する特定保健用食品のガム。

コアラのマーチ
見て楽しい!食べておいしい!かわいいコアラの絵柄は全365種。

チョコパイ
食べて満足のホッとできる味わいのチョコレート半生ケーキ。

紗々
2種類の細い線状のチョコを丁寧に編み上げた繊細で上品な味わい。

トッポ
サクサクプレッツェルにミルクチョコレートが最後までたっぷり!

パイの実
64層のサクサクパイとたっぷり入ったまろやかチョコが相性抜群。

のど飴
のどスッキリ!カリンエキスを配合したのど飴は心地よい清涼感。

小梅
甘ずっぱい恋ずっぱい梅の3つのおいしさがひと粒で楽しめます。

おわりに

チョコスイーツって難しそう……
そんな方に気軽に手作りを楽しんでもらいたくて、
『ガーナチョコレートレシピ』は生まれました。
王道スイーツあり、ショコラティエ顔負けの憧れスイーツあり、
多様なレシピが集まりました。
ご紹介したスイーツが、あなたと、あなたの大切な人を
つなぐ存在になれたら、こんなにうれしいことはありません。

主な食材INDEX

フルーツ

いちご
ストロベリーディップ……040
タピオカココナッツミルク……056
チョコレートショートケーキ……096

オレンジスライス
クレープシュゼット……098

刻みオレンジピール
オレンジとチョコのビスコッティ……074
パン・デピス……110

バナナ
生チョコフルーツサンド……042
チョコバナナオーブンパイ……082
チョコスムージー……084

ぶどう
タピオカココナッツミルク……056

プルーン
パン・デピス……110

みかん
生チョコフルーツサンド……042

洋梨のコンポート
洋梨のショコラブリュレ……052

ラズベリー
濃厚チョコムース……038
チョコアイスバー……086
チョコレートショートケーキ……096

りんご(紅玉)
ガトーインビジブル……100

レモン皮
ウィークエンドホワイトシトロン……102

レモン汁
マーブルショコラマシュマロ……046
チョコスムージー……084
チョコレートレアチーズケーキ……094
ウィークエンドホワイトシトロン……102

卵

卵
フォンダンショコラ……016
洋梨のショコラブリュレ……052
絞り出しクッキー……064
グラノラマフィン……070
オレンジとチョコのビスコッティ……074
シチリア風カンノーリ……080
濃厚チョコレートタルト……090
ブラウニー……092
チョコレートショートケーキ……096
クレープシュゼット……098
ガトーインビジブル……100
ウィークエンドホワイトシトロン……102
チョコバンケーキ……104
ブラックアウトケーキ……108
パン・デピス……110

卵黄
ガトーショコラ……014
なめらかチョコプリン……050
洋梨のショコラブリュレ……052
パイポップ……078
しっとりショコラケーキ……088
濃厚チョコレートタルト……090

卵白
ガトーショコラ……014
マーブルショコラマシュマロ……046
しっとりショコラケーキ……088

乳製品

牛乳
濃厚チョコムース……038
なめらかチョコプリン……050
洋梨のショコラブリュレ……052
タピオカココナッツミルク……056
絞り出しクッキー……064
グラノラマフィン……070
オレンジとチョコのビスコッティ……074
チョコラスク……076
チョコスムージー……084
チョコアイスバー……086
チョコレートレアチーズケーキ……094
チョコレートショートケーキ……096
クレープシュゼット……098
ガトーインビジブル……100
チョコパンケーキ……104
チョコレートティラミス……106
ブラックアウトケーキ……108
パン・デピス……110
ホットチョコレート……114
ホットピーチチョコレート……116
ホットホワイトチョコレート……116
ホットチョコレートローストミルク……116
ほうじ茶ホットチョコレート……117

クリームチーズ
チョコレートレアチーズケーキ……094

生クリーム
ガトーショコラ……014
生チョコトリュフ……018
生チョコ……022
生チョコキャラメル……024
生チョコケーキ……026
マーブル抹茶生チョコ……028
あんずトリュフ&いちごトリュフ……030
ボンボンショコラ……032
バジルショコラ&ジャスミンショコラ……034
生チョコフルーツサンド……042
ロッキーロード……048
なめらかチョコプリン……050
洋梨のショコラブリュレ……052
グラノラマフィン……070
シチリア風カンノーリ……080
チョコアイスバー……086
しっとりショコラケーキ……088
濃厚チョコレートタルト……090
ブラウニー……092
チョコレートレアチーズケーキ……094
チョコレートショートケーキ……096
チョコパンケーキ……104
チョコレートティラミス……106
ブラックアウトケーキ……108
ホットチョコレートローストミルク……116

バニラアイス
マシュマロアイス……083

プレーンヨーグルト
チョコスコーン……072
チョコスムージー……084
チョコレートレアチーズケーキ……094
チョコパンケーキ……104
チョコレートティラミス……106

マスカルポーネチーズ
チョコレートティラミス……106

リコッタチーズ
シチリア風カンノーリ……080

大豆加工品

豆乳
チョコグラクッキー……068

きな粉
ピーカンナッツ&アマンドショコラ……044

乾物

ドライいちじく
チョコレートサラミ……036

ドライフルーツ
マンディアン……029

ドライマンゴー
スパイスチョコレートバーク……055

ドライラズベリー
スパイスチョコレートバーク……055

バナナチップ
ダブルチョコグラノーラ……066

ラムレーズン
ロッキーロード……048

レーズン
チョコレートサラミ……036
ダブルチョコグラノーラ……066

菓子

カスタードケーキ
チョコレートティラミス……106

クランキービスケット
生チョコケーキ……026
チョコレートサラミ……036
濃厚チョコレートタルト……090

チョココ
ロッキーロード……048
チョコレートレアチーズケーキ……094

ハーシーチョコチップクッキー
チョコスモア……054

マシュマロ
濃厚チョコムース……038
チョコバナナオーブンパイ……082
ホットチョコレート……114

ワッフルコーン
マシュマロアイス……083

ジャム・シロップ

あんずジャム
あんずトリュフ&いちごトリュフ……030

いちごジャム
あんずトリュフ&いちごトリュフ……030
チョコスプレッド……041
ホットホワイトチョコレート……116

オレンジマーマレード
チョコスプレッド……041

はちみつ

生チョコキャラメル……024
チョコスムージー……084
チョコアイスバー……086
濃厚チョコレートタルト……090
チョコレートティラミス……106
パン・デピス……110

メープルシロップ
ダブルチョコグラノーラ……066

ラズベリージャム
生チョコケーキ……026

ナッツ

アーモンド
ピーカンナッツ&アマンドショコラ……044
ダブルチョコグラノーラ……066
オレンジとチョコのビスコッティ……074

アーモンドスライス
スパイスチョコレートバーク……055

アーモンドプラリネ
ホットチョコレートローストミルク……116

オートミール
ダブルチョコグラノーラ……066

くるみ
あんずトリュフ&いちごトリュフ……030
ロッキーロード……048
ブラウニー……092

ナッツ
（アーモンド、くるみ、ヘーゼルナッツなど）
マンディアン……029
チョコレートサラミ……036
チョコアイスバー……086

ピーカンナッツ
ピーカンナッツ&アマンドショコラ……044
スパイスチョコレートバーク……055

マカダミアナッツ
スパイスチョコレートバーク……055

飲料

インスタントコーヒー
チョコレートティラミス……106

オレンジジュース
クレープシュゼット……098

カルバドス
ガトーインビジブル……100

キルシュ
あんずトリュフ&いちごトリュフ……030

グランマニエ
オレンジとチョコのビスコッティ……074
クレープシュゼット……098

ジャスミン茶葉
バジルショコラ&ジャスミンショコラ……034

チョコレートリキュール
チョコレートティラミス……106

ブランデー
生チョコ……022
ボンボンショコラ……032
しっとりショコラケーキ……088

濃厚チョコレートタルト……090

ほうじ茶
ほうじ茶ホットチョコレート……117

抹茶
マーブル抹茶生チョコ……028

ラム酒
あんずトリュフ&いちごトリュフ……030
チョコレートサラミ……036
パン・デピス……110

お好みの洋酒
生チョコトリュフ……018
生チョコケーキ……026
ホットビターチョコレート……116
ホットホワイトチョコレート……116

粉 類

アーモンドパウダー
スノーボールクッキー……062

カルダモンパウダー
パン・デピス……110

粉ゼラチン
マーブルショコラマシュマロ……046
チョコレートレアチーズケーキ……094
チョコレートティラミス……106

ココアパウダー
ガトーショコラ……014
生チョコトリュフ……018
生チョコ……022
生チョコケーキ……026
ピーカンナッツ&アマンドショコラ……044
グラノーラマフィン……070
チョコスムージー……084
チョコレートショートケーキ……096
チョコレートティラミス……106
ブラックアウトケーキ……108

コーンスターチ
マーブルショコラマシュマロ……046
絞り出しクッキー……064

シナモンパウダー
パン・デピス……110
ホットチョコレートローストミルク……116

白玉粉
タピオカココナッツミルク……056

ジンジャーパウダー
パン・デピス……110

ストロベリーパウダー
あんずトリュフ&いちごトリュフ……030
マーブルショコラマシュマロ……046

全粒粉
パン・デピス……110

薄力粉
ガトーショコラ……014
フォンダンショコラ……016
スノーボールクッキー……062
絞り出しクッキー……064
チョコグラスケーキ……068
グラノーラマフィン……070
チョコスコーン……072
オレンジとチョコのビスコッティ……074
パイポップ……078
シチリア風カンノーリ……080

しっとりショコラケーキ……088
ブラウニー……092
チョコレートショートケーキ……096
クレープシュゼット……098
ガトーインビジブル……100
ウィークエンドホワイトシトロン……102
ブラックアウトケーキ……108
パン・デピス……110

ベーキングパウダー
グラノーラマフィン……070
チョコスコーン……072
オレンジとチョコのビスコッティ……074
ウィークエンドホワイトシトロン……102
ブラックアウトケーキ……108
パン・デピス……110

ホットケーキミックス
チョコパンケーキ……104

ポピーシード
ウィークエンドホワイトシトロン……102

その他

粗挽きブラックペッパー
スパイスチョコレートバーク……055

カカオニブ
ブラックアウトケーキ……108

ココナッツロング
スパイスチョコレートバーク……055
ダブルチョコグラノーラ……066

ココナッツオイル
ダブルチョコグラノーラ……066

ココナッツファイン
チョコスムージー……084

ココナッツミルク
タピオカココナッツミルク……056

食パン
生チョコフルーツサンド……042

ストロベリーフレーク
ロッキーロード……048

タピオカ
タピオカココナッツミルク……056

トッピングシュガー
マーブルショコラマシュマロ……046
グラノーラマフィン……070

菜種油
チョコチュロス……068

バゲット
バゲット オ ショコラ……020
チョコラスク……076

ピンクペッパー
スパイスチョコレートバーク……055

フレッシュバジル
バジルショコラ&ジャスミンショコラ……034

冷凍パイシート
パイポップ……078
シチリア風カンノーリ……080
チョコバナナオープンパイ……082

staff

撮影	市瀬真以
フードコーディネート&スタイリング	亀井真希子
	北林香織　藤司那菜(エーツー)
文	高木沙織
デザイン	スタイルグラフィックス
イラスト	タムラサリー
校正	東京出版サービスセンター
編集	八代真依(ワニブックス)

ガーナチョコレートレシピ
簡単に始められる手作りスイーツ

監修　株式会社ロッテ

2018年2月3日　初版発行

発行者　横内正昭
編集人　青柳有紀
発行所　株式会社ワニブックス
　　　　〒150-8482
　　　　東京都渋谷区恵比寿4-4-9　えびす大黒ビル
電話　　03-5449-2711（代表）
　　　　03-5449-2716（編集部）
ワニブックスHP　http://www.wani.co.jp/
WANI BOOKOUT　http://www.wanibookout.com/
印刷所　株式会社 美松堂
製本所　ナショナル製本

定価はカバーに表示してあります。落丁・乱丁の場合は小社管理部宛にお送りください。
送料は小社負担でお取り替えいたします。
ただし、古書店等で購入したものに関してはお取り替えできません。

本書の一部、または全部を無断で複写・複製・転載・公衆送信することは
法律で認められた範囲を除いて禁じられています。

© 株式会社ロッテ 2018
ISBN 978-4-8470-9643-3

※本書に記載されている情報は2018年1月現在のものです。
掲載されている情報は変更になる場合もございます。